50대, 당신도 영어를 끝낼 수 있다

Original Japanese title: 50 SAI KARA HAJIMERU EIGO
TANOSHII KARA KEKKA GA DERU
"TADASHII BENKYOHO" 74 NO LIST

ⓒ 2019 Ryusui Seiryoin

Original Japanese edition published by Gentosha Inc.
Korean translation rights arranged with Gentosha Inc.
through The English Agency (Japan) Ltd. and Danny Hong Agency
Korean translation rights ⓒ 2019 by Planet B

오십에 영어를 정복한 사회인 영어클럽의 비밀

50대, 당신도 영어를 끝낼 수 있다

세료인 류스이 지음
서슬기 옮김

행성B

생각을 바꾸면 50대에도
영어를 끝낼 수 있다

50대부터 시작해도 영어를 잘할 수 있다고? 불가능해. 그럴 수 있다면 기적이지!

이런 고정관념을 가진 사람이 많습니다. 하지만 제 주위에는 이런 '기적'을 실현한 분이 여럿이고, 그 수는 지금도 꾸준히 늘고 있습니다. 기적이 길에 널려 있다고 할 정도입니다. 즉 이런 현상은 기적 같은 것이 아니라 '**그야말로 평범한, 누구라도 이룰 수 있는 일**'이라는 말입니다.

지능이나 학력과 경력은 전혀 상관없습니다. 애초에 특수한 경우를 제외하고 인간이 타고난 뇌의 기능에 대단한 개인차란 없습니다. 다만 뇌의 '사용법'은 놀랄 만큼 다른데, 그것이 그대로 성과 차이로 이어집니다.

얼마나 바쁜 시간을 보내는지도 아무런 관련이 없습니다. 학생 시절에 영어 열등생이었고, 사회인이 되어서도 영어와 연이 없었으며, 지금 일이 무시무시하게 바쁘더라도 '50대부터 시작한 영어'로 좋은 결과를 얻은 사람들을 저는 실제로 많이 보아왔습니다. 지금까지 그들이 목표를 달성하는 데 저는 많은 도움을 줬습니다. "선생님 덕분에 영어를 잘할 수 있게 되었습니다"라며, 마치 '생명의 은인'을 대하듯 눈물을 흘리며 고마움을 전하는 분도 여러 명이었습니다. 이런 경험을 반복하다 보니 언제부터인가 저의 영어 실력이 향상될 때보다 제가 지식을 알려드린 분들이 성장할 때 훨씬 큰 기쁨을 느끼게 되었습니다.

참고로 이 책에서는 이해를 돕기 위해 '50대'를 내걸었습니다만, 당신이 40세가 안 됐든 60세가 넘었든 이 책의 메시지는 바뀌지 않습니다. 저는 설령 당신이 100세라 하더라도 지금부터 영어공부를 시작할 수 있다고 마음속 깊이 믿고 있고, 그 믿음에 한 치의 의심도 없습니다. 앞으로 자세히 설명하겠지만 무엇보다 중요한 것은 '영어공부라니, 난 학창시절에 영어를 제일 못했으니 절대 안 될 거야'라는 고정관념을 버리는 것입니다. 그 최초의(그러나 최고의) 한 걸음만 내디딜 수 있다면 100세라 하더라도 당신의 영어실력은 반드시 계속 향상될 것입니다. 하물며 50대나 혹은 그보다 젊다면 영어실력이 좋아지지 않는 게 더 어렵겠지요. '올바른 공부법을 활용한다면'이라는 단서가 붙지만, 그것도 전혀 문제가 되지 않습니다. 다만 '올바른 공부법을 아는가, 모르는가(알 기회가 있었는가, 없었는가)' 정도의 차이입니다. 아직 모르겠다는 분도 안심하시길. 이 책에서 지금부터 알려드리겠습니다.

영어실력이 '바닥'이어도 토익 만점을 받을 수 있다

저야말로 중고등학생 시절 학년 최하점을 연달아 받은, 누가 봐도 확실한 영어 열등생이었습니다. 지금이야 체벌이 사회문제가 되었습니다만 그때는 성적이 너무나도 형편없어서 "너는 왜 이렇게 영어를 못하는 거냐"고 다른 학생들 앞에서 낙제생 대표로 영어선생님에게 매를 맞은 적도 여러 번 있었습니다. 재수도 하지 않고 교토 대학에 입학했으니 믿지 못하는 사람도 있을 것입니다. 하지만 대학은 제 특기인 문장력만으로 당락이 결정되는 논술시험으로 들어갔고, 영어시험은 따로 보지 않았습니다. 재학 중에 작가로 데뷔하는 바람에 대학을 중퇴한 후 그나마 남아 있던 영어 지식도 전부 사라졌습니다. 30세가 되기 전까지 제 영어실력은 거의 '바닥'에 가까운 상태로, 겸손해서 하는 말이 아니라 정말로 중학교 1학년보다 못한 수준이었습니다.

저는 살면서 지금까지 예전의 저보다 영어를 못하는 사람은 한 번도 본 적이 없습니다. 딱 한 번, 예전의 저와 비슷한 영어실력을 가진 분을 만났는데, 그분의 토익 L&R 점수는 250점이었습니다 (토익에서는 모든 답을 엉터리로 찍어도 보통 250점은 넘습니다). 그러니까 저 또한 이처럼 그야말로 영어실력이 '바닥'인 수준에서 시작한 것입니다.

한동안 국어에 빠져 소설을 집필하다가 숨을 돌릴 겸 그리고 현실도피성으로 2005년에 우연히 취미로 영어공부를 시작했고(이 책에서도 참고가 될 만한 에피소드를 소개하겠습니다), 우여곡절을 거쳐 영어를 잘하게 되었습니다. 토익 시험 최고점인 990점(만점)을 맞은 적이 다섯 번이나 되며, 지금은 매달 소설이나 경제경영서를 영어로 번역해 전 세계 온라인 서점에 판매할 정도로 성장했습니다. 이제까지 세상에 내놓은 영어 작품은 100권이 넘었고(2019년 3월 현재) 앞으로도 매달 늘려갈 예정입니다. 불과 몇 년 전까지만 해도 저 자신도 전혀 상상하지 못했던, 도전할 가능성조차 생각할 수 없었던 꿈처럼 행복한 현실입니다.

어떤 공부법을 선택하느냐가
성과 차이를 낸다

우연에 이끌려 실현한 저의 영어공부 성공담은 지금까지 다른 몇 권의 책에서 소개하여 큰 반향을 불러일으켰습니다. 이 책은 기존에 출간한 책에서 특히 좋은 평가를 받았던 공부법을 전부 망라했습니다. 동시에 최근 고민을 거듭하며 알게 된, 이전 책에서는 한 번도 공개하지 않았지만 극적인 효과를 가져다주는 새로운 방법도 소개합니다.

결론을 먼저 말하자면 제가 영어를 성공적으로 공부할 수 있었던 중요한 포인트는 '시행착오 끝에 올바른 공부법을 찾았다'는 데 있습니다. 아무리 열의가 있더라도, 몇십 년이나 열심히 공부하더라도 틀린 공부법으로는 좋은 결과가 나오지 않습니다. 하지만 올바른 공부법을 따른다면 짧은 시간 안에 마법처럼 성과를 계속 낼 수 있습니다.

저는 이전에(2009년부터 2017년까지) '사회인 영어클럽'이라는 어른을 위한 영어공부 동아리(평균 연령 40대 후반, 인원 총 65명)를 만들었는데, 활동을 시작했을 당시 참가자 대부분의 토익 점수는 300점대에서 400점대였습니다. 하지만 최종적으로는 창립 멤버 전원이 400점에서 500점 이상 점수가 올랐고, 평균 900점을 넘는

정예 집단이 되었습니다. 그 과정은 《사회인 영어클럽의 돌격(社会人英語部の衝撃)》이라는 책에서 소개했습니다. 이 책은 판매 직후부터 (얄궂게도 저의 본업인 소설 작품 이상으로) 큰 반향을 일으켰습니다. 책을 읽은 독자분들이 회사에 사회인 영어클럽을 만들어서 성공적으로 영어공부를 했다는 사례가 전국 각지에서 많이 생겨났고, 영어 이벤트 등에서 만난 분들에게 열렬한 감사를 받는 일도 늘었습니다. 이처럼 제가 우연히 만들었던 사회인 영어클럽이라는 시스템이 모르는 곳에서 홀로 공부하는 많은 분에게 도움이 되고 있다니, 과장하여 말하면 우리 사회의 영어실력을 향상하는 데 조금이나마 공헌했다는 뜻인 것 같아서 정말 기쁩니다.

언제부터인가 영어를 가르치는 일에 종사하게 되었지만, 저의 본업은 어디까지나 작가이고 영어번역자이므로, 이렇게 영어공부를 지원하는 일은 취미의 연장선상에 있는 봉사일 뿐입니다(이 활동으로 한 푼의 이익도 얻지 않았고, 영어클럽의 규모가 커지면서 오히려 저의 부담만 늘어난 상황이었습니다). 사회인 영어클럽이 각지에 '분점'을 내는 데 성공하면서 제 사명을 이루었다는 뿌듯함이 컸습니다. 그리하여 저는 소설 쓰기와 영어번역에 전념하기 위해 그때까지 운영했던 사회인 영어클럽을 2017년 2월 말 해산했습니다. 그렇지만 한편으로는 앞으로 영어책을 쓸 일이 없겠지 싶어서 아쉬운 마음도 있었지요. 그런데 예전부터 알고 지내던 편집자가 저의 특이

한 경력에 주목해 다음과 같은 제안을 해왔습니다.

"50대에 영어공부를 시작해서 큰 성과를 낸 이들을 많이 보셨으니, 선생님이 꼭 50대 이상을 위한 영어공부법 완결판을 써주시면 좋겠습니다."

제가 영어공부를 잘해낼 수 있었던 것은 우연이라는 행운이 겹친 덕분이라고 생각합니다. 운명이 제게 준 행운에 정말 감사하며, 예전의 저처럼 지금 그야말로 악전고투하고 있을 분들이 같은 성공을 맛보았으면 좋겠다는 마음으로 지금까지 책이나 세미나 같은 이벤트를 통해 많은 이들에게 저만의 영어공부법을 가르쳐왔습니다. 앞서 말한 것처럼 솔직히 이런 활동에 모든 걸 쏟아 완전히 소진됐다는 느낌이었습니다만, 이번에 편집자에게 받은 "50대에 영어공부를 시작하는 분들을 위해"라는 문구가 잠들어 있던 제 사명감을 다시 한번 타오르게 했고, 새로운 의욕도 끓게 했습니다.

영어공부를 시작하기에
늦은 때란 없다

'100세 시대'라는 요즘, 50세에도 아직 젊다고 느끼는 사회가 되었는데, 나이를 이유로 영어공부를 포기하는 분들이 많은 것이 현실입니다. 대부분 영어공부를 '50대에 시작하는 건 무리'라고 생각하지만, 실제로는 '100세부터도 가능'합니다. 제가 이 책으로 드리는 제안이 당신의 영어 인생을 바꿀 계기가 되고, 언젠가 '50대부터 영어를 시작하는 게 특별한 일은 아니지'라고 생각하는 분위기가 만들어진다면 더할 나위 없을 것입니다. 반복해서 말하지만 50대라는 것은 어디까지나 이해를 돕기 위한 예시일 뿐입니다. 당신이 80세든 100세든 이 책의 메시지는 하나도 달라지지 않습니다. 영어공부를 시작하기에 늦은 때란 없습니다. 당신이 현재 몇 살이든지 '올바른 공부법'을 알기만 한다면 결과는 자연스럽게 달라질 것입니다.

인생을 보다 좋은 방향으로 바꾸고 싶은 마음의 준비가 되셨는지요?

그러면 이 책에서 당신의 영어실력을 극적으로 높여줄 방법을 찾으러 가봅시다.

차례

PART 1
'못한다'는 고정관념을 버려라

PART 4

토익을 현명하게 활용하는 방법

PART 5
영원히 성장할 수 있는 높이로

일러두기

• 이 책에 나오는 일부 사례는 독자들의 이해를 돕기 위해 국내 사례로 바꾸어
  실었습니다.

PART 1

'못한다'는 고정관념을 버려라

왜 50대에 영어를
배우려는 사람이
가장 많은가

〈들어가며〉에서 소개한 '사회인 영어클럽'의 멤버가 아니어도 참여할 수 있는 '일반 공개 공부회'에는 전국 각지에서 열심히 공부하는 사람들이 매회 100명 이상(많을 때는 200명 가깝게) 참가했습니다. 대체로 신청을 받은 지 한 시간 뒤면 자리가 다 차고, 게다가 100명 이상 참가하는 이벤트인데도 당일 불참자가 한 명도 없으며, 친목회에도 100명 이상 참여할 정도로 이상하게 열기가 대단했습니다. 그 정도 열정에 주기적으로 빠져들 기회는 제 인생에 앞으로 두 번 다시 없을 것이라고 생각합니다.

그밖에도 개인적으로 단발성 영어 세미나를 주최하거나 인연이 있는 영어강사의 이벤트에 게스트로 참여한 적도 있기 때문에 저는 영어를 배우는 다양한 직업과 연령층의 사람들과 실제로 이야기를 나눠보고 그들을 가까이에서 지켜봤습니다. 세미나 같은 영어 이벤트에 오시는 분들의 비율은 매우 인상적이었습니다. 공통적으로 남녀 모두 60대 이상과 10대 이하가 극히 적었습니다. 여성의 수는 50대에서 20대가 의외로 균등한 비율인 데 비해 남성의 수는 50대가 가장 많고 40대, 30대, 20대 순으로 줄어드는 경향이 있습니다.

일반화하기는 그렇지만, 한 가지 개인적인 가설로는 전 세계 공통으로 여성은 자신을 바꾸기 위해 적극적이고 미지의 것에 도전하려는 사람이 많은 반면, 남성은 젊을 때 '내 힘으로도 어떻게든 되겠지', '언젠가 다시 배울 기회가 있겠지' 낙관적으로 생각하는 사람이 많은 것이 아닌가 하는 분석을 하게 되더군요.

무엇보다 주목해야 할 것은 영어공부를 하려는 50대 남성이 많다는 점입니다. 열심히 공부하는 50대 여성도 많긴 하지만, 유독 남성 쪽은 50대가 확연히 많습니다.

그때까지 영어에 관심이 없던 사람이 "지인인 ○○ 씨가 50세부터 영어를 시작했다던데" 하는 말을 들으면 '50세부터? 너무 늦은 거 아냐?', '절대 못 할걸'이라고 생각하더라도 무리는 아닙니다.

하지만 실제로는 50대부터 '영어공부에 데뷔'하는 분이 무척 많은데, 여기에는 명확한 이유가 있습니다.

우리나라에서는 토익 시험 점수를 고용이나 승진 조건으로 내거는 기업이 대부분이고, 대학교에서도 토익을 입학이나 졸업의 조건으로 내거는 경우가 많습니다. 60대 이상의 나이라면 '영어와는 인연 없이 은퇴하고, 영어를 배우지 않은 채로 우아한 노후를 즐기자'라는 선택도 가능할지 모릅니다. 하지만 50대라면 아직 일선에서 일을 계속해야 하는 나이이고, 젊었을 때보다 책임이 막중한 일을 하는 분들도 있을 것입니다. 어느 직종이든 세계화로 외국과 일을 진행하는 것이 필수인 시대입니다. 현장에 남기 위해 영어가 필요할 때 "지금부터 영어를 시작해야 한다"고 가장 허둥대는 것도 50대가 아닐까요?

20대 때는 "아직 인생은 기니까 서른이 되면 영어를 시작하자"라며 여유를 부릴 수 있습니다. 30대라면 "지금은 바쁘니까 마흔부터"라고 더 미룰 수 있지만, 40대 후반에서 50대가 되어 자발적으로 공부해야 한다면 '시작을 미루는 게 아니라 그냥 포기'하더라도 이상하지 않습니다.

하지만 회사에서 강제하는 경우에는 간단히 포기할 수 없습니다. 직급에 요구되는 토익 점수가 나오지 않으면 일자리를 잃기도 합니다. 그렇기 때문에 50대는 다른 나이보다 눈에 띄게 필사적입니다. 50대에 영어를 배우는 사람은 매우 많은데, 60대가 되면 남녀 모두 그 수가 급감하는 것은 분명 '현직에 있는 분들의 감각 차이'라고 생각합니다. 무엇보다 앞으로는 60대가 넘어서 '영어공부에 데뷔'하는 분들도 늘어날 것이고, 이 책을 계기로 영어공부를 결심하고 시작하는 분들이 있었으면 좋겠다고 바라고 있습니다.

'100세 시대'라 불리는 요즘, 정년 후 인생도 수십 년이나 되는 경우가 많습니다. "퇴직 후에 무엇을 할까?"라는 질문을 진지하게 고민할 때 '영어'가 인기 있는 선택지가 되는 게 그리 먼 미래의 일은 아닐 것입니다.

신체나이는
전혀 상관없다

"현대사회의 나이는 예전(1920년대 이전) 나이의 곱하기 0.8 정도라고 하던데요." 이런 이야기를 가끔씩 듣습니다. 확실히 요즘은 60대가 넘어도 젊게 지내는 분들이 있고, 50대라고 해도 예전의 40대 정도, 40대도 젊은 축이라는 인상을 받는 사람이 많으리라고 생각합니다. 평균수명이 '반백'에 불과했던 1960년대의 50세와 '100세 시대'라는 요즘의 50세는 본인의 체감도, 주변에서 생각하는 이미지도 완전히 다를 것입니다.

최근에는 100세 넘게 사는 것을 전제로 인생을 설계하는 분이 적지 않고, '평균수명까지 앞으로 수십 년 남았다'고 계산하는 있는 분도 많을 것입니다. 의학의 눈부신 발달로, 옛날에는 치명적이었을 병이나 상처도 회복할 가능성이 극적으로 높아졌습니다.

신체나이에 대한 우리의 상식을 뒤집는 이로는 스즈키 이치로 (鈴木一朗) 야구선수나 미우라 가즈요시(三浦知良) 축구선수를 들수 있습니다. 예전에는 '40대에 야구나 축구에서 프로선수로 뛰는 것은 무리'라는 고정관념이 있었는데, 40대에도 훌륭한 경기력을 보여주는 두 선수는 이러한 기존의 상식을 통쾌하게 뒤집었습니다. 이치로 선수는 인터뷰에서 "나이를 먹으면 기력이 쇠한다, 쇠하지 않으면 이상한 거라는 주위의 시선이 싫습니다. 저는 50세에 전성기를 맞을지도 모르는데요"라는 말을 했습니다. 이처럼 상식에 갇히지 않았기 때문에 세계 야구사에 남는 선수가 되었던 것이겠죠.

물론 아무리 마음을 젊게 유지한다고 해도 신체가 약해지는 것은 부정할 수 없습니다. 세월과 함께 신체기능이 저하되는 것은 누구도 피할 수 없으며, 이치로 선수나 가즈요시 선수도 철저한 체력관리와 가혹한 트레이닝으로 노화를 최대한 늦추고 있는 것이 사실입니다. 그리고 아무리 초인적인 그들이라도 체력적으로 절정이었던 20대 즈음과 완전히 똑같이 플레이하기란 역시 무리일 것입니다.

다만 뇌를 사용하는 활동에서는 이야기가 달라집니다. 노년에 들어서도 최고의 걸작을 만들어내는 작가나 영화감독 등 예술가는 드물지 않습니다. 수십 년 동안 쌓아온 지식과 경험을 잘 조합하는 능력은 오히려 50세가 넘어야 제 실력을 발휘할 수 있다고들 합니다.

인류는 아주 오래전부터 뭔가 문제가 생겼을 때 공동체의 성현에게 의지해왔습니다. 이런 경향은 지금도 거의 변하지 않았습니다. 정치세계에서는 60세도 젊다고 봅니다. 많은 사람에게 영향력을 끼치는 극히 중요한 판단을 내릴 때는 지식과 경험의 방대한 축적이 필요하기 때문입니다. 단시간에 여러 가지 일을 기억하는 것은 젊은 사람이 유리하지만, 축적된 기억과 경험을 잘 짜 맞추어 최선의 결론을 끌어내는 데는 오히려 나이 많은 사람이 유리합니다.

03

기억에 대한
근본적인 오해

"나이가 드니까 건망증이 심해졌다"고 누군가 자조하듯 말하는 것을 들은 적이 있을 것입니다. 당신도 이렇게 투덜댄 적이 있을지도 모릅니다. 이렇게 말하고 싶은 기분은 이해할 수 있지만, 기억력에 대해서 많은 분이 오해하고 있는 것도 사실입니다.

저도 어릴 때는 나이를 먹으면 기억력도 감퇴할 거라고 생각했습니다. 하지만 20대 즈음 뇌와 관련된 여러 책을 읽으며 '기억력은 떨어지지 않는다'는 사실을 깨달았고, 그 후 인생은 크게 바뀌었습니다.

우선 대전제입니다만, 특수한 경우를 제외하면 사람의 뇌에 타고난 기능 차이는 거의 없습니다. "저 사람은 머리가 좋으니까", "나는 머리가 나빠서"라고 자주 이야기하는데, 머리(뇌)의 기능에 좋고 나쁨은 없습니다. '사용 방법'의 차이가 있을 뿐입니다. 나이를 먹을수록 뇌세포가 죽는 것은 사실이지만, 기억의 결합은 점점 긴밀해지므로 오히려 기억력은 좋아집니다. 지식과 경험으로 뒷받침된 '지혜'는 죽을 때까지 성장합니다. 이것이 인류 사회가 성현들에게 의지해온 이유입니다.

아이들이 많은 것을 한 번에 기억하는 모습을 보고 '우리 아이는 천재가 아닐까' 착각하는 부모는 동서고금에 많습니다. 아이들은 아직 기억해야 할 것이 별로 없기 때문에 어떤 지식이든 가득 채울 수 있습니다. 그렇기 때문에 아이들은 기억력이 좋다고 오해하기 쉽습니다. 하지만 기억하는 것의 총량이 얼마나 되는지, 즉 진정한 기억력을 비교하면 어른들이 압도적으로 뛰어납니다. 아이들은 사실 자주 잊어버립니다. 다만 그런 걸 신경 쓰지 않을 뿐이죠. 어릴 때는 컨디션이 안 좋아도 멀쩡했는데, 어른이 되면 감기에 살짝 걸린 것만으로 '큰 병이 아닐까' 생각하는 심리와 비슷할지도 모르겠습니다.

만약 기억력이 나이를 먹음에 따라 저하된다면 드라마를 좋아하는 주부가 배우들의 이름을 술술 외우는 이유를 설명할 수 없습니다. 확실히 해가 지나면 점점 무언가를 잊어버리곤 합니다. 이는 뇌가 필요하지 않다고 판단한 정보를 소거하기 때문이고 필요한 것이나 관심 있는 것에 대한 기억력은 건재합니다.

04

영원히 살 것처럼
배워라

마하트마 간디의 말로 알려진 유명한 명언이 있습니다. "Live as if you were to die tomorrow. Learn as if you were to live forever(내일 죽을 것처럼 살고, 영원히 살 것처럼 배워라)." 실제 간디 이전부터 있었던 말이라고 하는데, 저도 좌우명으로 삼고 싶을 만큼 좋아하는 명문입니다. 이는 애플 창업자 스티브 잡스가 스탠포드 대학에서 연설한 "If today were the last day of my life, would I want to do what I am about to do today(오늘이 인생의 마지막 날이라면, 오늘 예정된 할 일을 하고 싶은가)?"라는 유명한 문장과 통하는 점이 있습니다.

'내일 죽을 것처럼 사는' 자세는 "최선을 다해 오늘을 살라"는 말과 바꿀 수 있습니다. 인생이 아직 길다고 미루기만 한다면 눈 깜짝할 사이에 나이를 먹고 맙니다. 20대 즈음에 '서른이 되면 영어를 배우자'고 생각했는데 정신을 차리니 50대가 되어 갑자기 흰머리 난 거울 속의 자신을 마주하는 것이 인생입니다. 시작은 '언젠가'가 아니라 '지금'입니다. 말하자면 '생각난 날이 길일'입니다. 또 "앞으로 ○년 후에 퇴직하는데 지금부터 영어를 공부해서 뭐해"라는 생각으로는 아무것도 시작되지 않습니다. 반면 시간이 영원한 것처럼 공부에 몰두하면 영어실력이 좋아져서 퇴직 후에 영어를 사용하여 새로운 일에 종사할 가능성도 있습니다. 제 주위에서도 그렇게 50세가 넘어서 영어로 전직(轉職)에 성공한 사례를 몇분이나 보았습니다.

제 본업은 작가인데, 작품을 완성한 후보다 집필을 하는 중에 충족감을 느낀 적이 많습니다. 뭔가를 많이 만드는 분들은 공감하실지도 모르겠습니다. 창작활동에 국한된 이야기가 아닙니다. 예를 들어 수학능력시험에 집중했던 학생이 대학에 합격한 뒤 해방감과 동시에 축제가 끝난 듯한 상실감에 빠지는 것과 같은 느낌입니다. 회사에서 장기 프로젝트를 맡았을 경우에도 맞아떨어지는 상황일 것입니다. 무엇이든 큰 목표를 달성한 순간보다 달성

을 향해 필사적으로 노력하는 기간에야말로 사람은 보다 큰 충족
감을 얻는다고 할 수 있습니다.

혹여 퇴직까지 몇 년 남지 않았더라도, 평균수명까지 몇 년 남
지 않았더라도, 상관없습니다. 영원히 살 것처럼 공부를 계속하면
언젠가 충족감을 얻고, 그것은 좋은 결과로 이어집니다. "퇴직까
지 앞으로 얼마 안 남았으니, 지금부터 공부해도 그다지 일에 활
용하지는 못할 것 같아"라며 하기 싫은데 공부하는 사람과, "평균
수명을 생각하면 아직 수십 년이나 공부할 수 있군" 하고 설레며
공부하는 사람 사이에는 믿을 수 없을 정도로 큰 차이가 있습니
다. 어느 쪽이 성공할지는 말하지 않아도 알 것입니다.

05

'할 수 있는 것'과
'할 수 없는 것'

중장년이 되어 공부를 시작하면 '이제 시작하면 써먹을 만할 때까지 또 몇 년이 걸리겠지. 앞으로 나이를 더 먹고 나서도 영어를 쓸 기회가 있으려나'라는 불안이 생기더라도 이상하지 않습니다. '이 나이에 지금 와서 영어라니.' 이렇게 생각하게 되는 심리는 당연히 이해가 갑니다.

확실히 10대나 20대 청년들의 인생은 아직 길고, 뭐든 할 수 있을 만큼 시간적으로나 정신적으로 여유가 있습니다. 하지만 청년들은 '앞으로 사회에 나가 부모님으로부터 독립해서 살아가야 해.

잘할 수 있을까' 하고 자기 인생에 불안감을 느끼기 때문에 우선순위를 정할 때 공부를 미루는—결과적으로 중장년이 될 때까지 공부하지 못하는—일이 종종 있습니다. '사회인으로서 일단 경험해두어야 할 일'이 많은 청년에 비해, 중장년은 그런 통과의례가 얼추 끝난 상태입니다. 지금 직업이 있는 사람은 적어도 구직을 할 필요가 없죠. 이미 가정이 있는 사람은 새롭게 반려를 찾을 필요가 없고요. 그런 일에 사용할 시간과 노력 그리고 돈을 영어에 쏟을 수 있습니다. 그렇기 때문에 실제로 50대에 공부를 하는 사람이 가장 많은 것입니다.

중장년층 대부분이 '이 나이에 영어공부는 무슨' 하고 생각하는 것은 50대부터 영어공부를 시작해서 성공한 사람이 많다는 사실을 모르기 때문이라고 저는 확신합니다. 50대에도 영어실력이 좋아진 이들이 많다는 걸 알면 처음에는 "어, 정말요? 거짓말이죠?" 하고 반신반의하지만, 이야기를 나누면 금방 사실이란 걸 깨닫고 "뭐야, 50대부터 해도 되잖아!" 하고 생각이 분명히 바뀝니다. 게다가 그들은 소수의 천재가 아니라 극히 평범한 중장년 남녀입니다. "이미 나이를 많이 먹었으니까"라거나 "난 특별한 재능이 없으니까"라는 말은 공부를 하지 않는 변명으로는 설득력이 없습니다.

물론 능력의 개인차도 있고, '할 수 있는 것'과 '할 수 없는 것'의 차이도 당연히 있습니다. 50대부터 영어공부를 시작한 사람 누구나 국제회의 동시통역 수준의 영어실력을 얻을 수는 없습니다. 이는 애초에 나이와 관계없는 차원의 이야기입니다.

100세를 넘긴 분이 경이로운 운동실력을 보여주는 장면을 텔레비전에서 간혹 보곤 합니다. 물론 이런 분들이 올림픽에서 금메달을 따는 일은 신체의 젊음을 돌리는 비약이라도 발명되지 않는 한 일어나지 않겠지만, 다들 그 정도만으로도 충분히 놀랄 만한 일이라고 생각할 것입니다. 중장년부터 시작하는 영어공부도 이와 같습니다.

애초에 평범한 사람이라면 올림픽에서 금메달을 얻을(혹은 국제회의 동시통역 수준의 영어실력을 얻을) 필요는 없습니다. 물론 진심으로 그것을 목표로 하는 사람이 있다면 노력해서 실현할 가능성도 있지만, 보통은 운동을 한다면 '제대로 경기할 수 있는'—영어를 공부한다면 '어느 정도 영어로 의사소통할 수 있는'—수준이 되면 충분합니다.

당신이 '영어를 할 수 있게' 되려면 우선 '영어를 하는' 상태란 무엇인지 당신 나름대로 정의를 내려야 합니다. 왜냐하면 '영어를 하는' 게 어떤 것인지 자신만의 목표가 설정되지 않으면 경로를 이탈하여 달리는 것처럼 아무리 달려도 골인 지점이 나오지 않기 때문입니다.

06

'영어를 하는 사람'은
대체 어떤 사람인가

외국인에게 "Can you speak English(영어 할 줄 알아요)?"라는 질문을 받았을 때, 어느 정도의 실력이 있어야 "Yes, I can(네, 합니다)"이라고 대답해도 되는 것일까요? 이를 정해놓은 국제적인 기준이 있을 리 없습니다. 어디까지나 개인의 주관에 따릅니다.

만약 당신이 곧바로 "No, I can't speak English(아니요, 못합니다)"라고 대답한다면 "You can(할 줄 아네요)!"이라고 상대방이 웃어도 대꾸할 말이 없습니다. 극단적으로는 "No(아니오)"라고 대답하더라도 '할 수 있다'는 해석이 가능합니다.

개인적으로 '영어를 할 수 있다'는 상태의 기본적인 정의는 다음과 같다고 생각합니다.

- 상대가 말하는 언어가 영어라고 이해할 수 있다.
- 모르는 게 있으면 모른다고 말하거나, 되물을 수 있다.

영어는 세계에서 가장 많이 통용되는 언어이므로 '외국어'라고 하면 바로 '영어'를 연상하는 분도 많겠지만, 당신이 만난 외국인이 반드시 영어로 말한다고 단정할 수 없습니다. 실제로 저는 길을 헤매는 외국인에게 길을 알려주려고 말을 걸었는데, 그 외국인이 영어를 할 줄 모르는 스페인 사람이었던 경험이 있습니다. '상대가 말하는 언어가 영어라는 것을 아는' 일은 영어로 하는 의사소통의 기본전제이며, 상대의 영어에 모르는 게 있으면 '모른다'고 말하거나 되묻는 것만으로도 대화는 성립합니다.

저는 예전에 영어를 전혀 못했던 시절 어느 사진관에서 외국인이 점원에게 무언가 영어로 질문하는 것을 본 적 있습니다. 당시에는 저도 그 대화 내용을 알아듣지 못했으므로 도와줄 수 없었습니다. 영어를 몰라 곤란해하던 점원이 결국 참지 못하고 "No English!"라고 소리치자 외국인은 슬픈 얼굴로 가게를 떠났습니다. 잊지 못할 광경이었는데, 이 에피소드도 '상대가 말하는 언어가 영어라는 걸 알고, 할 줄 모른다고 전달한' 사례입니다.

프로야구의 전설적인 투수 에나쓰 유타카(江夏豊) 씨가 예전 미국으로 건너갔을 때 'Yes'와 'No'만으로 모든 대화를 했다는 무용담을 들은 적이 있습니다(그저 소문일지도 모릅니다). 확실히 매우 극단적인 사례지만 'Yes'와 'No'만으로도 외국인과 대화는 가능합니다. 아무 말도 없이 침묵해버리는 것보다는 훨씬 낫겠죠.

물론 여기서 출발하여 영어회화 수준을 올리는 것이 이상적입니다만 어떤 수준을 지향하더라도 일단 목표를 설정할 필요가 있습니다. 목표란 '어느 정도의 영어실력을 원하는가'입니다. 외국인과 간단한 대화를 할 수 있으면 좋겠다거나, 외국 거래처와 업무 메일을 힘들이지 않고 주고받을 수 있는 수준을 원한다거나. 무엇이든 골문이 정해지지 않으면, 골을 넣을 수 없습니다.

영어로 말하는 사람의
85퍼센트는
네이티브가 아니다

목표 설정과도 관계있는 이야기입니다. '영어를 할 수 있을 리가
없다'고 생각하는 사람은 대부분 "나이 먹고 공부를 시작해서 **네이
티브**(native, 영어가 모국어인 사람)처럼 유창하게 대화할 수 있을 리
가 없지"라는 말을 합니다. 확실히 그러기는 어렵습니다만, 이 문
제는 나이와도 상관없습니다. 나이가 많든 적든, 그러니까 가령
젊은 나이라도 **논네이티브**(nonnative, 영어가 모국어가 아닌 사람)가 네
이티브처럼 유창하게 대화하기란 지극히 어렵습니다. 애초에 한마
디로 "영어로 유창하게 말한다"고 할 때, 여기에는 두 가지 커다란

요인이 작용합니다. '발음의 유려함'과 '문법의 정확성'입니다. 영어를 배우는 많은 사람을 지켜보면서 신기했던 것이 여성이 남성보다 압도적으로 발음이 유려하다는 사실입니다. 물론 절대적인게 아니라 평균적인 이야기입니다. 원인을 추측해보자면 이는 영어가 귀에 잘 들리고 안 들리는 차이가 아니라, 일이나 사물을 여성은 감각적으로 파악하는 데 반해 남성은 이론적으로 파악하려고 하는 경향을 지적할 수 있습니다. 즉 여성은 들린 소리를 그대로 자연스럽게 되풀이할 수 있는 사람이 많은 데 비해, 남성은 들린 소리를 일단 모국어 등으로 이해한 다음 말하려고 해서 발음이 부정확하게 되는 것이 아닐까 하는 생각입니다.

그렇다고 남성의 영어실력이 떨어진다는 말은 아닙니다. 네이티브 수준으로 발음이 유려한데 문법이 엉망진창인 여성도 있습니다. 반대로 발음은 콩글리시인데도 문법적으로는 정확하게 말하는 남성도 많습니다. 이처럼 '발음'과 '문법' 두 가지 요소가 있으니, 이 두 가지를 해결해야 '유창함'을 손에 넣을 수 있다는 게 어려운 점입니다.

여기서 짚고 넘어가고 싶은 중요한 문제가 있는데, 그렇다면 '유창함'이 절대적으로 필요한 것인가 하는 의문이 듭니다. 물론 유창하게 말할 수 있다면 더할 나위 없겠지만, 유창하지 않다는 이유로 자신감을 잃고 말하지 않을 바에야 발음이나 문법 따위는 신경 쓰지 않고 이야기하는 편이 결과적으로 조금 더 유창한 경지에 오르는 데 도움이 됩니다.

프로야구에 비유해봅시다. 완벽한 타격 자세로 안타를 치면 최고겠지요. 하지만 자세는 누구보다 완벽해도 공을 전혀 치지 못하는 선수보다, 이상한 자세라도 마구 안타를 치는 선수가 더 소중하지 않을까요. 이 타격 자세를 '발음'으로, 안타를 치는 것을 '상대에게 나의 메시지를 영어로 전하는 것'으로 치환하면 납득이 될 것입니다.

유려한 발음이 필요하지 않다는 말은 아닙니다. 유려할수록 더 좋은 것은 당연하지만, 발음이 서툴다고 겁낼 필요는 없다는 말입니다. 문법에 뿌리 깊은 저항감을 가진 분들에게도 같은 말을 하고 싶습니다.

영어울렁증이 있는 사람들은 대부분 '네이티브처럼 그렇게 유창하게 영어를 할 수 있을 리 없다'고 생각하는 경향이 있습니다. 하지만 세계에서 영어로 말하는 27억 명 가운데 네이티브는 4억 명밖에 되지 않습니다. 당신이 외국인과 말할 때, 특히 아시아인과 영어로 말할 때 상대방도 논네이티브일 가능성이 많고, 그때 유창함은 크게 중요하지 않습니다. 아니, '유창함이 방해가 되는' 경우까지 있습니다.

08

너무 유창하면
오히려 의사소통이
안 되는 경우도 있다

영어가 너무 유창하면 오히려 의사소통이 안 되는 경우가 있다
는 말을 들으면 많은 사람이 '말도 안 돼! 아무리 그래도 설마 그
러려고'라고 생각하겠죠. 하지만 상대도 논네이티브일 경우에 실
제로 일어나는 일입니다.

제가 저보다 영어 발음이 유창한 일본인과 논네이티브인 유럽
인, 이렇게 셋이서 이야기하는 상황이 있었습니다. 그 모임에서 저
보다 발음이 좋은 일본인의 영어는 유럽인에게 전혀 통하지 않았
는데, 그보다 논네이티브에 가까운 제 영어가 더 잘 통했던 경험

이 여러 번 있습니다. 그 이유는 명확하게 상대방도 논네이티브이기 때문입니다.

논네이티브인 우리가 가장 듣기 쉬운 영어는 특유의 콩글리시입니다. 네이티브의 유려한 발음에 가까우면 가까울수록, 특히 영어 초심자는 알아듣기가 힘듭니다.

예를 들어 누군가 "왓 두 유 원트?"라고 말하면 "What do you want(무엇을 원합니까)?"라는 것을 금방 이해할 수 있습니다. 하지만 네이티브가 말하면 "와류원?"에 가까운 발음이 됩니다. 유려한 발음은 "와류원?"이더라도, 우리가 알아듣기 쉬운 발음은 "왓 두 유 원트?"입니다.

상대가 외국인이어도 논네이티브인 경우에는 같은 현상이 일어납니다. 즉 더듬더듬 영어를 하는 사람은 상대도 같은 실력일수록 알아듣기 쉽습니다. 문법에도 같은 상황이 적용됩니다.

오해하지 마시길 바랍니다. 그러니 발음은 어째도 상관없다는 말이 아닙니다. '유창하게 발음할 수 없는데 영어를 배워서 뭐해'라고 생각하는 분들에게, 외국인과 이야기할 때는 꼭 유창한 발음에 집착할 필요는 없다는 걸 말해두고 싶을 뿐입니다.

09

'못하는 사람'일수록
영어실력이 향상된다

"저는 학창시절부터 영어를 못했고, 사회에 나와서도 영어와 인연이 없었습니다. 이런 제가 지금 와서 공부를 시작한다고 영어를 잘할 수 있을 리가 없죠." 이런 생각을 하는 사람도 절대 적지 않을 것입니다. 하지만 실제로는 오히려 '못하는 사람'이야말로 실력이 향상되는 법입니다.

저도 학교 다닐 때 학년 최저점을 연달아 받는 엄청난 영어 열등생이었고, 사회에 나와서도 영어와 전혀 연관이 없었으며, 2004년 이전에는 명실상부 영어실력이 '바닥'이었습니다. 그렇기 때문에 영어실력이 계속 늘었다고 장담할 수 있습니다.

사회에 나와서 거의 영어와 접점이 없었던 분이 회사의 지시 등을 이유로 아무 대책도 없이 토익을 보면 처음에는 300점에서 400점 전후의 점수를 받는 일이 무척 흔합니다. 덜컥 700점이나 800점을 받는 우수한 분도 있습니다만, 첫 점수가 낮은 편이 의욕을 이끌어내기 더 좋기 마련이죠. 300점이나 400점으로 시작하면 공부한 만큼 결과도 잘 나와서, 단기간에 100점에서 200점이 높아질 수 있기 때문입니다. 그에 반해 이미 700점 이상을 달성한 사람은 수십 점 높이는 데도 고생하는 일이 자주 있습니다. 토익은 등산처럼 정상(만점)에 가까울수록 점수를 올리기 힘든 세계이기 때문입니다.

동기 부여 측면에서도 그렇습니다. 어느 정도 실력이 있는 단계에서 출발하는 사람은 '거의 다 아는데, 앞으로 영어실력을 높이려면 어떻게 해야 할지 모르겠다'는 심정이 되는 경우가 많습니다. 한편 영어실력이 '바닥'에 가까운 상태에서 다시 출발하는 사람은 배우는 모든 것이 새롭게 느껴지고, 지식 하나를 배우는 것만으로도 성장하고 있다는 실감을 맛볼 수 있습니다. '의욕 없는 중급자'와 '의욕 만만 초급자'가 동시에 공부를 시작하면, 후자 쪽이 금방 전자를 추월하여 역전이 불가능할 정도로 큰 차이를 벌리기도 합니다.

드림킬러를
멀리하라

지금까지 몰랐던 것을 이해하는 일은 누구에게나 최고 수준의 쾌감을 안겨줍니다. 그렇기 때문에 영어실력이 '바닥'인 초심자 단계에서 학습의 올바른 길을 찾아가면 늘 기쁨과 성취감을 얻으며 성장을 이어갈 수 있습니다. 단, 그 과정에서 잊지 말아야 할 마음 가짐이 '드림킬러(dream killer)'를 멀리해야 한다는 점입니다.

당신이 영어공부를 시작한 걸 알게 됐을 때, 주변 사람들이 모두 호의적으로 받아들이고 응원이나 지원을 해준다면 상관없습니다. 하지만 혹시라도 몇 명은 이런 말을 할지도 모릅니다.

"오십이 넘었는데 이제 영어를 공부한다고 해서 될 리가 없지."

"영어를 잘하게 된다고 해도 그 나이에 무슨 쓸모가 있겠어."

저도 영어공부를 취미로 시작했을 때 주위에서 "지금부터 영어를 공부한다고? 안 될걸" 하고 거의 모든 사람이 반대했습니다. 사실, 작가 데뷔나 영어로 소설 쓰기를 목표했을 때도 완전히 똑같았습니다. 날 이해한다고 생각했던 친한 친구들마저 "말도 안 된다"고 단정하고 "그런 무모한 짓은 그만둬"라고 모두 맹렬히 반대했습니다(그리고 그들 모두 제가 해낸 뒤 "너라면 할 수 있을 거라고 믿었다"고 태도를 바꿨습니다).

자신만의 꿈을 좇으려 하면 공동체에서 고립되는 것이 예전부터 널리 알려진 세상의 법칙입니다. 누구든 자신과 같은 수준의 사람들이 모인 집단에 속해 있습니다. 만약 당신이 영어공부를 시작해서 혼자 튀면, 주변에는 위협이 됩니다. 그렇기 때문에 의식적으로 또는 무의식적으로 잘못됐다고 꿈을 향해 도약하려는 당신을 끌어내리려고 합니다. 이런 '드림킬러'야말로 영어공부의 최대 강적이라 해도 결코 과언이 아닙니다.

당신이 아무리 의욕이 넘치는 학습자여도 '드림킬러'에게 둘러싸여 있다면 학습 의욕이 떨어질 수밖에 없습니다. '드림킬러'에게 이해를 구해도 소용없으니 멀리 떨어지는 것이 유일한 해결책입니다.

모두와 좋게 지내려는 사람은 누군가를 멀리하는 것이 내키지 않을지도 모릅니다. 물론 멀어질 수 없는 관계도 있을 것입니다. 그렇지만 본인이 직접 나서서 그 사람을 찾지 않고 꼭 만나야 할 때는 표면적으로만 보는 식의 대책으로 심리적으로라도 멀어져야 합니다.

'드림킬러'를 멀리하라는 말은 구체적인 영어공부법 이상으로 중요한 주의사항이라는 것을 기억해두시기 바랍니다.

영어가 이상하다고
지적받아도
한 귀로 흘러버려라

'드림킬러' 이야기와 이어지는데, 영어를 잘하는 사람에게 지적을 받았을 때 한 귀로 흘려듣는 것도 중요합니다. 영어를 잘하는 사람이라고 뭉뚱그려 말했지만, 다양한 경우를 생각해볼 수 있습니다. 어릴 때 외국에서 살다 와서 우리말과 영어를 둘 다 모국어로 쓰는 사람이나 해외에 자주 나가는 영어강사 등을 예로 들 수 있습니다. 그런 사람들은 '영어를 하는 것'이 그들의 정체성이므로, 영어를 배우는 사람의 발음이나 문법을 지적하는 일이 매우 많습니다(물론 모든 사람이 그렇다는 것은 아닙니다).

예를 들어 저처럼 영어실력이 '바닥'인 상태에서 자기 방식으로 하나하나 밟아 올라간 영어실력이라면 "저 사람 발음은 좀 이상해", "저 사람 문법은 틀렸어" 같은 말을 들을 수 있습니다. 이 책도 실제로 내용을 읽지 않고 선입관만으로 "저 책은 별 내용 없을 거야" 같은 말을 들을지도 모릅니다. 이들이야말로 가장 큰 '드림 킬러'입니다. 영어를 잘하길 바라는 사람들은 딱히 '발음의 유려함을 겨루는 세계선수권대회'나 '올바른 문법을 겨루는 올림픽'에서 우승하고 싶은 게 아닙니다. 영어라는 도구를 이용하여 외국인과 오해 없이 대화할 수 있다면 그걸로 충분합니다.

영어를 잘하는 것을 프라이드로 삼은 성가신 이들이 '발음의 유려함'이나 '문법의 정확성'을 두고 신경질적인 지적을 할 가능성이 있다는 것을 예상하고, 그런 일이 생기면 그 사람은 무시하는 것이 좋습니다.

앞서 말한 프로야구의 비유를 떠올리시기 바랍니다. 중요한 것은 안타를 치는 것(상대에게 자신의 말을 전하는 것)이지, 올바른 타격 자세(유려한 발음이나 올바른 문법)는 그보다 우선하지 않습니다. 물론 안타도 치고 거기에 타격 자세까지 완벽하면 가장 좋겠지만, 타격 자세를 유지하는 데 집착하다가 안타를 치지 못한다면 의미가 없습니다.

번역프로그램의
한계

⟨12⟩

이것도 '드림킬러' 이야기와 이어집니다. 제가 영어공부를 시작할 무렵 어느 거물 선배 작가가 "번역기가 점점 발달하고 있는데 영어를 공부해서 뭐해? 아무 의미 없잖아"라고 노골적으로 비꼰 일을 잊을 수 없습니다.

확실히 번역기, 번역프로그램은 눈이 부시게 발전했습니다. 최근에는 '수십 개 국어를 번역할 수 있다'고 강조하는 소형 번역기가 등장하기도 했습니다. 하지만 번역기는 만능이 아닙니다. '이 밤 참 맛있다'라는 문장을 번역기에 넣으면 'This night is delicious'라는 문장이 나옵니다. 밤이 어떤 뜻으로 쓰인 단어인지 구별하지 못하는 것입니다. 당연히 제대로 번역되는 것도 있지만 이처럼 단순한 문장도 제대로 번역하지 못하는 프로그램을 믿어도 되는 걸까요?

해외여행에서 물건을 살 때나 곤란한 상황일 때 회화만 되면 상관없다는 사람에게는 그걸로 족할지 모르지만, 그 정도의 용도라면 오히려 필요한 대화를 암기하는 것이 확실하고 빠르지 않을까 싶습니다.

번역기가 아무리 발달한다고 해도 프로그램 된 것인 이상 실수를 없앨 수는 없습니다. 그리고 무엇보다 중요한 문제점은 번역기에 의지하면 **자신이 실수를 했는지도 모른다**는 것입니다.

통역을 써서
사랑을 속삭이는
사람은 없다

번역기 이야기와 이어지는 내용입니다. 만약 당신이 어딘가에서 매력적인 외국인 이성(혹은 동성), 그러니까 사랑에 빠질 수 있는 상대와 만났다고 합시다. 눈이 마주친 순간, 상대도 당신에게 호의적인 관심을 보인다면 말을 걸고 싶어지죠. 그런데 거기서 번역기를 사용하거나 혹은 통역사를 불러서 말을 걸려고 할까요?

통역을 써서 달콤한 말을 속삭이면 상대는 통역사와 사랑에 빠질지도 모릅니다. 가능하면 자신의 언어로 이야기하고 싶다고 생각할 것입니다.

나는 영어를 못하니 내 인생에 그런 일이 일어날 거라고 기대하지 않는다는 사람도 있겠지만, 업무차 외국인과 소통하는 일이 누구에게나 일어날 법한 시대입니다. 이럴 때 직접 이야기를 나눌 수 있다면 통역사나 번역기를 통해 말을 전할 때보다 상대방과의 거리를 줄일 수 있음은 분명합니다.

사적인 일에서 '통역을 써서 사랑을 속삭이는 사람은 없다'는 말을 뒤집으면, 국제관계에 영향을 미치는 영역에서는 '통역 없이 정상회담을 하는 국가원수는 없다'라는 말이 됩니다.

국가원수 개인의 언어실력이 부족하여 국익에 손실을 끼쳐서는 안 되기 때문입니다. 같은 이유로 정상회담에서 번역기를 사용하는 일은 절대 일어나지 않습니다.

예로부터 언어를 구사하는 사람은 사회의 특권계급이었습니다. 언어실력은 그만큼 강한 무기입니다.

PART 2

그럼
어떻게 공부해야
하는가

비싼 영어회화 학원이나
영어교재는 필요 없다

늙은 억만장자가 가장 원하는 것은 '젊음'이라고 합니다. 나이를 먹음에 따라 시간은 돈보다 귀중해진다는 사실을 누구나 실감합니다. 열성적으로 영어를 배우는 이들 가운데 50대가 많은 이유는 '학습에 들이는 시간을 절약할 수 있다면 투자가 아깝지 않다'고 생각하는 사람이 많은 연령층이기 때문입니다. 젊을 때는 시간을 절약하기 위해 돈을 쓰기는 아깝다고 생각하는 데다, 애초에 쓸 수 있는 돈이 정해져 있으므로, 그 대신 시간을 많이 씁니다. 하지만 연배가 있는 사람은 설령 돈을 더 쓰더라도 시간을 사고 싶어 합니다. 그렇기 때문에 영어공부를 시작할 때 수업료가 비싼 영어회화 학원에 다니거나 고액 영어교재를 구매하는 사람이 많습니다.

영양제는 성분이 같더라도 가격이 비쌀수록 잘 팔린다는 이야기가 있습니다. 사람 심리가 '비싸야 효과가 좋을 것'이라고 느끼기 때문입니다. 영어회화 학원이나 영어교재에도 마찬가지 심리가 들 테지만, 초급 단계에는 사실 거의 효과가 없습니다. 모처럼 영어공부를 할 의욕에 불타더라도 영어회화 학원이나 교재로 시작하는 선택지를 고른 시점에서 이미 좌절할 가능성이 높습니다.

영어회화 학원은 보통 외국인이 강사로 있습니다. 이제 막 배우겠다고 나선 사람이라면 외국인이 가르치는 것만으로 영어실력이 늘어날 것 같겠지만, 기초가 되어 있지 않은 단계에서 외국인과 영어회화를 되풀이하더라도 단번에 성장하는 느낌을 받을 수는 없습니다. 외국인은 상대의 영어실력을 단박에 꿰뚫어 보고 그의 수준에 맞춰 회화를 할 수 있습니다. 영어를 잘하는 사람이라면 네이티브를 활용하여 점점 실력을 키울 수 있겠지만, 초급 단계에서는 외국인과의 회화로 실력이 좋아지는 일은 거의 없습니다.

생각해보시기 바랍니다. 어떤 경기든 상관없습니다. 예를 들어, 당신이 유도를 막 시작한 아이라고 해봅시다(다른 스포츠를 떠올려도 됩니다). 이 아이가 유도 세계챔피언과 몇 번 대련했다고 해서

과연 강해질까요? 챔피언이 아이 수준에 맞춰 거의 놀아주는 수준으로 적당히 상대하고 끝이겠죠. 네이티브에게 영어를 배우는 것도 이와 같습니다.

많은 영어교재가 "이번에야말로 할 수 있어!" 하고 놀라운 효과를 내세우며 인기가 많은 것처럼 선전하는데, 우리의 영어실력이 조금도 늘지 않는 것은 왜일까요? 매년 새로운 '궁극의 다이어트법 결정판'이 등장했다가 사라지는 것처럼, 그다지 효과가 없기 때문입니다.

"유명한 영어교재로 공부해보았는데 전혀 효과가 없었습니다. 어떻게 하죠?" 이런 상담을 예전부터 많이 받았습니다. 그런 영어교재로 효과를 보았다는 이야기는 '전혀'라고 해도 좋을 정도로 들은 적이 없는 반면, 효과가 없었다는 이야기는 질릴 만큼 많이 들었습니다.

영어교재라는 것은 '사실은 거의 효과가 없는데, 자못 효과가 있을 것 같다'는 의미에서 다이어트법과 매우 비슷합니다. 만약 궁극의 영어교재(혹은 다이어트법)가 진짜 존재한다면, 그것 외에는 전부 폐기될 것입니다. 그런 일이 벌어지지 않는 것은 극적으로 효과가 좋은 교재 따위가 애초부터 존재하지 않기 때문입니다.

누구나 꿈꾸는
영어공부법의 대다수는
단순한 환상

영어회화 학원이나 영어교재처럼 많은 사람이 '분명 효과가 있을 거야'라는 환상을 가진 영어공부법으로 '유학하기', '외국인 친구 만들기', '외국에서 살기' 등을 꼽을 수 있습니다. 하지만 이 방법들도 특히 초급이나 중급 단계에서는 전혀 효과가 없는 경우가 무척 많습니다.

원래 영어 열등생이었던 저는 학창시절에 유학한 사람을 부러워하는 마음을 품고 유학이라는 선택지가 없었던 제 처지에 열등감을 느끼고 있었습니다. 하지만 영어를 배우는 사람을 여럿 접하면서 유학을 다녀온 이들 대부분이 사실은 영어가 서툴다는 것을 알게 되었습니다. 그들 대다수가 "유학 중에 우리나라 사람들하고만 어울렸더니 영어실력이 거의 늘지 않았다"고 고백합니다.

행동력 있는 사람은 영어공부를 시작할 때 외국인이 매우 많은 바에 가보거나, 외국인 친구를 만들려고 하는 경우도 있습니다. 어디서나 대화의 물꼬를 잘 트는 사람이라면 금방 외국인 친구를 사귈 수 있지만, 그것만으로 영어실력은 늘지 않습니다. 영어회화학원의 사례에서도 설명했듯이 외국인은 우리 영어실력에 맞춰 적절히 표현을 바꾸기 때문에 오히려 실력이 저하되기도 합니다. 저도 외국인과 빈번하게 대화를 하면서 상대가 늘 적당히 맞춰주어 영어실력이 떨어지는 바람에 곤란했던 경험이 있습니다.

외국에 살면 영어실력이 좋아진다는 것도 완벽한 환상입니다. 설령 외국에 산다고 해도 평범하게 생활하는 것만으로는 영어실력이 그렇게 늘지 않습니다. 유명한 인기 작가는 "20년 가까이 외국에 살았지만, 거의 집에서 나가지 않아서 사실 영어실력은 전혀 좋아지지 않았어"라고 제게 직접 털어놓더군요.

외국인 연인을 만들거나 외국인과 결혼을 하는 경우도 있는데, 실력이 좋아질 가능성은 그 나름대로 높지만, 이때도 "상대가 먼저 우리말을 배우는 바람에 내 영어실력은 고만고만한 정도"인 경우를 실제로 본 적이 있습니다.

이처럼 사람들이 환상을 가지며 '꿈꾸는 영어공부법'에는 효과가 없는 것이 대부분인데, 이는 지금 영어를 못한다고 생각하는 사람들에게는 좋은 소식이라고도 할 수 있습니다. 왜냐하면 예전에 제가 그랬듯이 "나는 유학 경험이 없어서 영어를 못해", "외국인 친구가 없어서 영어를 못해", "외국에서 살아본 적이 없어서 영어를 못해"라고 한탄할 필요가 없기 때문입니다. 그런 특별한 환경이 주어지지 않아도 올바른 공부법을 선택한다면 영어를 잘할 수 있습니다.

영어를 '못하는' 사람은 없습니다.

다만 '못한다고 생각하는 사람'이 있을 뿐입니다.

03

아무리 공부를 해도
효과가 없는
가장 큰 이유

"여러 영어교재로 공부해봤는데, 아무리 해도 효과가 없어요. 어떻게 하면 좋을까요?" 이런 고민을 털어놓는 사람이 많은 것은 같은 문제로 고생하는 사람이 그만큼 많다는 반증이겠죠. 영어가 익숙해지지 않는 이유를 파악하지 못하면 인생의 귀중한 시간과 돈을 쓰는 것만큼 효과를 얻지 못하는, 늪과 같은 악순환에 빠지게 됩니다.

사람마다 시도해본 공부법은 각양각색이겠지만 효과가 없는 이유는 한 가지입니다. **기초가 없는데 응용만 배우려고 하기 때문입니다.**

생각해봅시다. 지반이 흔들리는 땅 위에 날림공사로 지은 집과 군건한 지반에 지하 깊숙이까지 기초를 탄탄하게 잡아 쌓아 올린 집, 어느 쪽이 튼튼할까요?

기초를 무시하고 "어쨌든 영어를 쓸 수 있으면 돼!" 하고 무작정 달려드는 것은 마치 지반이 흔들리는 토지에 날림공사로 집을 짓는 것과 같은 일입니다. 집을 지었다고(영어를 어느 정도 공부했다고) 착각하겠지만, 조금만 강한 바람이 불면 금방 무너질 것입니다. 무너지기 쉬운 집은 천재지변이 일어날 때마다 몇 번이고 다시 지어야 합니다.

한편 군건한 지반(어려워 보이는 영어의 기초) 위에 집을 짓기란 처음에는 힘들어 보입니다. 하지만 깊숙이 파 내려가 기초를 확실히 다지면, 어떤 높은 건물도 지어 올릴 수 있고, 천재지변에도 흔들리지 않는 단단한 지식이 됩니다.

앞서 이야기한 것처럼 영어회화 학원에 다니거나 영어교재로 공부해도 혹은 유학하고 네이티브 친구를 사귀고 외국에서 생활해도 영어에 익숙해지지 않는 것은 대부분 '기초가 없는데 응용만 배우고 있기' 때문이라고 지적했습니다. 지금까지 영어공부에 자기 나름대로 도전해서 실패한 사람들은 공감할지도 모르겠습니다.

04

계속 효과가 이어지는
공부법의 절대 법칙

영어 초급 수준을 벗어나지 못하고 발버둥 치는 사람은 대부분 '기초가 없는데 응용만 공부하고 있기' 때문에 악순환에 빠져 있습니다. 그런데 그 첫 관문을 통과하고 중급, 상급으로 성장하는 과정에서도 사실 같은 일이 벌어집니다.

공부에 진전이 없는 악순환에 빠지지 않으려면 영원히 계속해서 효과를 내는 공부법의 절대 법칙을 알아둘 필요가 있습니다. 이것은 영어공부만이 아니라, 모든 공부에 적용됩니다. 바로 '모르는 것에 맞닥뜨리면 아는 부분이 나오는 데로 반드시 다시 돌아간다'는 철칙입니다. 이 법칙을 철저히 지킨다면 영원히 성장할 수 있지만, 소홀히 하면 어딘가에서 성장이 멈춥니다. 그 정도로 중요한 법칙입니다.

외국에서는 '못하는 사람은 낙제시키고, 잘하는 사람은 월반시킨다'는 원칙을 따르는 교육 시스템이 드물지 않습니다. '잘하는 아이도 못하는 아이도 같이 진급시킨다'는 우리 교육이 겉보기에는 평등한 것 같습니다. 하지만 이 방법으로는 잘하는 아이와 못하는 아이의 격차가 벌어지기만 할 뿐, 결국 비합리적이고 잔혹한 결과를 낳습니다.

저도 잊지 못할 좌절의 기억이 있습니다. 미래에 대한 희망으로 타오르던 중학교 1학년 시절의 일입니다. 당시 수학을 좋아해서 열심히 수업을 들었는데, 심한 감기에 걸려 며칠 쉬고 등교하게 되었습니다. 그런데 학교에 빠졌을 때 나간 진도를 따라가려니 이해가 되지 않아 당황스러웠습니다. 그 부분을 보충하지 못해서 그 후에 쌓이는 지식을 완전히 이해할 수 없었고 결국 낙오되고 말았습니다. 다른 과목도 같은 일이 벌어졌습니다. 저만 이런 경험을 한 것은 아닐 것입니다.

사람 심리가 다 똑같아서, 중학교 2학년으로 올라가면 중학교 1학년 교과서를 다시 펼치는 데 심리적으로 저항감을 느끼는 사람이 많습니다. 그런데 중학교 1학년 교과서에 모르는 부분이 남아 있으면 2학년 때는 모르는 부분이 더 늘어납니다. 이처럼 기초에 가까운 단계에서 지식이 모자라면 응용을 이해하기가 점점 곤란해집니다. 영어공부에 한정된 이야기가 아닙니다. 집을 떠받치는 기둥이 하나 빠졌다고 상상해보시기 바랍니다. 기둥이 빠진 채로 집을 지으면 쉽게 무너지게 되고, 결국 완성하지 못합니다.

설령 당신이 50세가 넘는 어엿한 어른이라도 중학교 1학년 교과서에 제대로 이해하지 못한 것이 있다면, 그 부분으로 돌아가 다시 공부해야 합니다. 이는 절대 부끄러운 일이 아닙니다. 오히려 자신이 모르는 것은 모른다고 인정하고 겸허하고 진솔하게 다시 배우려는 자세는 주위에서 존경받습니다. 적어도 저는 50세가 넘은 사람이 중학교 1학년 교과서로 진지하게 공부하고 있는 걸 보면 멋지다는 생각이 듭니다. 그 사람의 나이가 많으면 많을수록 존경심이 생깁니다.

이러한 자세를 비판하거나 경멸하는 사람이 있다면 그 사람이야말로 전형적인 '드림킬러'입니다. '드림킬러'와는 논쟁을 벌일 시간조차 아까울 뿐이고, 진지하게 상대해봤자 자신만 상처받을 게 뻔하니 멀어지는 게 좋습니다.

05

영어공부
최고의 파트너는 책

그러면 어떻게 공부해야 좋을까요? 영어공부를 시작할 때는 우선 자신에게 맞는 책을 찾는 것이 가장 효과적입니다. 영어회화학원에 아무리 능력이나 인격이 좋은 네이티브 선생님이 있다 하더라도, 당연한 말이지만 그 선생님을 어디든 데리고 다닐 수는 없습니다. 하지만 책은 어디든 당신과 함께 갈 수 있습니다. 게다가 한 권의 책에 담긴 정보는 저자의 지식이 응축된, 매우 가치 있는 것입니다.

물론 영어책뿐 아니라 어떤 책이든, '책과 독자의 상성(相性)'에 따라 다르겠지만, 배울 점은 분명 있습니다. 출판은 비즈니스인 만큼 처음부터 도움도 안 될 책을 만들려고 하는 출판사는 없습니다. 저자나 편집자가 조금이라도 그 내용에 자신이 있고, 좋다고 확신했기 때문에 그 책이 서점에 나온 것입니다. 이 책은 제가 낸 일흔여섯 번째 종이책인데, 쉽게 책이 팔리지 않는 시대에 한 권의 책을 내는 일은 예전보다 몇 배, 몇십 배는 어렵다고 느낍니다. 책으로 출간되어 서점에 진열된 시점에서는 어느 정도 그 내용을 신뢰해도 좋다고 해도 과언이 아닙니다.

가령 당신과 전혀 맞지 않는 책이어도 '이 책 내용이 전부터 궁금했는데, 읽어 보니 내게는 맞지 않았다'는 사실을 아는 것만으로도 수확입니다. 궁금했던 책이라면 당신이 지금 필요로 하는 정보와 어떤 접점이 있을 테니까요. 그것을 깨닫는 계기가 되는 것만으로도 큰 가치가 있습니다.

이상적인 영어책을 찾으려면 인터넷 온라인 서점의 리뷰 등을 참고하는 것도 좋지만, 직접 오프라인 서점을 찾아가 실물을 손에 들어보고 책장을 직접 팔랑팔랑 넘겨보는 것이 중요합니다. 왜냐하면 영어를 공부하기로 한 이상 '책 내용'만큼 중요한 것이 '물건으로서 책과의 상성'을 확인하는 것이기 때문입니다.

구체적으로는 책의 크기나 두께가 알맞은지, 종이 질이 괜찮은지, 구성이 읽기 쉽게 편집되어 있는지, 책장을 넘길 때 친숙한지

등입니다. 공부하는 데는 이러한 면에서 당신과 책의 상성이 맞는지도 중요하며, 이를 확인하기 위해서는 직접 서점에서 손에 들어보고 확인하는 수밖에 없습니다.

최근에는 "전자책으로 읽은 게 가장 좋다"는 사람도 있습니다. 그런 사람은 전자책이라는 형식이 자신에게 맞는 것이니 전자책을 보면 됩니다. 공부할 내용을 어떤 식으로 편집해놓았는지는 배우기 쉬운지 아닌지에 큰 영향을 미치므로 그래도 실물을 확인하는 것이 좋습니다. 온라인 서점의 미리보기 기능으로 책의 레이아웃을 훑어보고 나서 전자책이 맞는 사람은 온라인 서점에서 구입해도 됩니다.

단, 조심해야 할 것은 "이 책이 잘나간다니까"라거나 "이 책은 리뷰가 좋으니까"라는 이유'만'으로 책을 고르지 말아야 한다는 점입니다. 물론 책이 잘 팔리는 데는 이유가 있겠지만, 온라인 서점의 리뷰에는 '저자와 연관 있는 사람이 호의적으로 쓴 글'이나 '저자의 안티팬이 나쁘게 쓴 글'도 있으므로 그대로 받아들였다가는 실물을 읽고 고개를 갸웃거리게 될 것입니다.

당신이 만약 스스로 '평범한 사람을 대표한다'고 자부할 정도로 대중적인 감각을 가졌다면, 잘 팔리는 책을 고르는 것도 좋을지 모릅니다. 다만 당연히 개인마다 감성이 다르므로 많이 나간 책이라도 자신에게 맞지 않을 수 있으며, 그다지 잘 팔리지 않는데도 내가 필요로 하는 정보를 고스란히 전해주는 책도 있을 것입니다. 확인을 해보려면 직접 자기 손으로 내용을 살펴보는 것 이상 좋은 방법은 없습니다.

06
...

나와 맞는
영어책을 찾는 법

'영어책'도 몇 가지 장르로 구분됩니다. 영단어 책, 영문법 책, 영어회화 책, 영어공부법에 관한 책, 토익이나 토플 같은 영어시험을 대비하는 책, 영어서적이나 영어잡지 같은 읽을거리 등으로요.

영어의 4대 기능인 말하기, 듣기, 쓰기, 읽기의 기초가 되는 것은 단어와 문법이니 **영단어 책과 영문법 책은 최소한 한 권씩 주위에 두는 것**이 좋습니다. 여러 권 있어도 문제는 없습니다.

영어강사 중에는 "영단어 책으로 단어를 외우면 안 된다, 문장을 많이 읽으며 자연스럽게 익혀야 한다"고 주장하는 사람도 있는데, 이야말로 영어 초급자의 상황을 잘 모르고 하는 소리입니다. 아주 간단한 단어조차 모르는 초급자가 많은 양의 문장을 읽을 수 있을 리 없습니다. 기본적인 영어 단어를 외우고 익히려면 초급자는 특히 영단어 책을 보는 편이 좋습니다.

단어를 아는 것만으로도 문장의 의미를 유추할 수 있고, 단어를 이어서 네이티브를 상대로 자신의 생각을 전할 수 있게 됩니다. 단, 다수의 영어 문장을 정확하게 읽거나 제대로 된 문장으로 말하기 위해서는 역시 문법 지식이 꼭 필요하므로, 영문법 책도 가지고 있는 게 좋습니다.

최근에는 초급자용으로 '중학 영어부터 다시 배우는' 또는 '왕초보여도 알기 쉬운'으로 시작하는 영단어 책, 영문법 책이 많이 나와 있으므로, 서점의 영어책 코너에 가서 직접 손으로 들어보면서 자신에게 맞는 책을 찾으시기 바랍니다.

요즘은 서점 수가 무서울 정도로 줄어들어서 전성기의 반도 안된다고 합니다. 근처에 서점이 없는 사람도 있을지 모르겠지만, 직접 실물을 확인할 수 있다는 이점을 생각하면 조금 멀더라도 큰 서점에 가보는 편이 낫습니다.

혹은 공부에 지출하는 돈이 아깝지 않다, 몇 번 실패해도 괜찮다는 사람은 온라인으로 영어책을 모조리 구입하여 집을 작은 서점처럼 만들고 그중에서 자기에게 맞는 책을 골라도 됩니다.

07

'마법의 영어책'은
존재하지 않는다

영어를 배우는 이들을 여럿 지켜보면서 느낀 점인데, 실력이 잘 오르지 않는 '벽'에 부딪혔을 때, 문제를 해결해줄 '마법의 영어책'을 찾는 사람이 아주 많습니다. 이 주제에 대해서는 제가 《노력한 만큼 성과가 나는 영어공부법(努力したぶんだけ魔法のように成果が出る英語勉強法)》이라는 책에서도 이야기했습니다. 공부를 하는 사람은 자신을 슬럼프에서 구해줄 '마법의 영어책'을 원하는데, 만약 마법처럼 효과가 나타나는 방법이 있다면 그것은 정통적이며 평범한 공부법입니다.

예를 들어, '영단어를 꾸준히 외운다'거나 '이해되지 않는 영문법을 정확하게 다시 공부한다' 같은 보통의 학습법을 제시하면 "그런 귀찮은 방법을 계속할 수도 없고 바빠서 시간도 없으니, 단시간에 효과를 보는 방법을 알려주세요"라고 반응하는 이들이 적지 않습니다. 하지만 영어공부에 지름길이나 숨겨진 비법을 찾아 시험해보기를 반복하는 일은 그야말로 모래땅 위에 날림공사로 집을 짓는 행위로, 그렇게 지은 집은 금방 무너져버립니다. 이런 지름길이나 숨겨진 비법을 찾을 시간에 정통적인 공부법으로 공부하는 편이 몇십 배, 몇백 배나 큰 성과를 냅니다.

영어공부법에 대한 책을 읽으면 동기부여가 되기도 합니다. 공부의 동력을 얻으려는 목적으로 이런 책을 읽는 것은 괜찮지만, 몇 권이나 독파하여 '영어공부법 박사'가 되더라도 그 성취로 당신의 영어실력이 나아지지는 않습니다. 공부법을 아는 것은 효과 좋은 근육 트레이닝 방법을 아는 상태와 같습니다. 실제 근육 트레이닝을 하지 않는 한 근육은 붙지 않는다는 것(실제 공부하지 않는 한 영어실력은 늘지 않는다는 것)을 기억하시기 바랍니다.

08

'무엇을' 쓸까가 아닌
'어떻게' 쓸까

영어회화 학원에 다니건 유학을 가건 네이티브와 친구가 되건 중요한 것은 '무엇을'이 아니라 '어떻게' 쓸 것인가입니다. 예를 들어 네이티브와 사귀거나 결혼하는 복 받은 환경에 있다 하더라도, 혹은 많은 사람이 가장 우수하다고 믿는 궁극의 영어책을 가지고 있다고 해도, 그런 환경이나 책을 활용하지 못하면 그야말로 '돼지 목에 진주 목걸이'일 뿐입니다.

영어책을 고르는 방법을 설명할 때 일부러 구체적으로 어떤 책을 추천하지 않고 당신의 감각으로 고르라고 했던 것은 누군가에게 추천받은 책이 당신에게 맞지 않으면, 스스로 책을 골랐을 때보다 쉽게 좌절하기 때문입니다. 스스로 고른 책이 자신에게 별 도움이 안 되면 어떤 면에서는 그 책을 고른 자신만 탓하면 됩니다. 그렇지만 누군가에게 추천받은 책이 별로라면 '추천한 그 사람이 나쁘다'고 남 탓을 해버립니다.

저도 예전에 영어책을 고르는 눈이 형편없어서 저에게 맞지 않는 영어책에 손댄 적이 여러 번이었는데, 어떤 책에서든 배울 점은 있었습니다. 또 많은 책을 비교하고 검토하는 과정을 통해 어떤 책이 제게 맞는지 확인하는 방법을 익혔습니다. 저에게 맞지 않는 책을 골랐을 때조차 다양한 교훈을 얻을 수 있었던 데는 '그 책에서 배우자'는 마음으로 진지하게 내 것으로 만들려던 자세가 큰 도움이 되었다고 생각합니다.

몇몇 영어강사분들과 이야기를 나눴을 때도 느꼈지만 다양한 분을 지도했던 경험에서 실감한 것은 '전설적인 명강사라 하더라도 배울 의지가 전혀 없는 학생을 가르치는 건 절대로 불가능하다'는 사실입니다.

아마도 최고의 선생 중 세 명 안에 드는, 저도 존경하는 유명한 영어강사분이 불량청소년을 상대로 영어를 가르치는 데 도전하는 텔레비전 프로그램을 우연히 본 적이 있습니다. 셀 수 없이 많은 이들의 영어실력을 극적으로 성장시킨 것으로 유명한 강사였는

데, 불량청소년을 대상으로 하는 수업에서는 매우 고전하다가 마지막에는 "상상 이상으로 힘들었다"는 감상을 흘렸습니다.

천재 강사라 할지라도 배울 의지가 제로인 학생은 성장시킬 수 없었습니다. 0에는 무엇을 곱해도 0이기 때문입니다. 다만 0이 0.1로 바뀐다면, 그때 비로소 0.1을 성장시킬 수 있게 됩니다.

이 책을 집어 들고 여기까지 읽었다는 점에서 당신은 분명히 배울 의지가 있는 사람입니다. "아니, 아직 그 정도는 아닌데⋯⋯" 하고 부정할지 모르지만, 공부할 의지가 없는 사람이라면 이 문장을 읽기 전에 좌절했을 것입니다.

당신 안에는 '의지의 씨앗'이 있고, 그 씨앗은 싹 틔워 꽃 피우기를 기다리고 있습니다.

그 의지를 키우려면 책이든 사람이든 좋으니 반신반의할 것이 아니라 '내가 펼쳐 든 책에서 혹은 가르침을 청한 사람에게서 최대한 많이 배우겠다'는 '배움의 자세'를 유지해야 합니다. 그러면 어떤 책에서든 어떤 사람에게서든 확실히 많은 것을 배울 수 있습니다.

09

필요하면 언제든
그 책을 펼쳐라

이제까지 영어공부를 하지 않았던 사람이 어느 날을 기점으로 갑자기 공부 습관을 들이는 일은 우선 일어날 리가 없습니다. 갑자기 본격적으로 공부를 시작하기란 어려우므로 첫걸음은 '매일, 반드시 눈에 보이는 곳에, 가능하면 손을 뻗으면 닿을 정도의 거리에 영어책을 두는 방법'이 효과적입니다.

원래 영어와 인연이 없던 제가 어떻게 영어에 빠져 살게 되었는지 그 계기에 대한 질문을 워낙 많이 받았기 때문에 지금까지 그 순간을 기억하고 있습니다.

제가 영어공부를 시작한 계기는 이렇습니다. 2005년 당시 큰 인기몰이를 하며 연재 중이었던 만화 《드래곤 사쿠라(ドラゴン桜)》를 읽는데, 작중에 고등학생 때 영어선생님에게 과제로 받았던 《영단어 타깃 1900(英単語ターゲット1900)》이라는 책이 나왔습니다. 학창시절에 가지고 있던 그 영단어 책은 졸업과 동시에 버렸습니다만, 십수 년 만에 만화 속에서 다시 보니 너무 반가워서 오랜만에 실물로 보고 싶다는 생각이 들었고, 어쩌다 보니 책을 사러 서점까지 가게 되었습니다.

구입한 책을 펼치자 처음으로 'succeed'라는 단어가 나왔는데 그 뜻도 떠올리지 못할 정도로 당시의 저는 그야말로 영어실력이 '바닥'이었습니다. 소설 집필을 위해 국어에만 빠져 지내던 나날이 었던지라, 영단어 책을 팔랑팔랑 넘기면서 보다 보니 현실도피도 되고 기분전환도 되었습니다.

처음에는 영단어를 외울 생각이 없었습니다. 그저 그 영단어 책을 책상 위에 올려두고 소설을 쓰다가 막힐 때면 무심결에 손을 뻗어 넘겨보며 기분 푸는 일을 반복했을 뿐이지요. 그러던 중에 심심한데 철자 바꾸기 놀이라도 하면서 외워볼까…… 하는 생각이 문득 들었습니다.

설마 수년 후에 외국인과 영어로 일을 하고, 다섯 번이나 토익 만점을 받고, 전 세계 온라인 서점에 매달 영어소설을 발표하게 되리라고는…… 당시에는 꿈에도 생각지 못했습니다. 모든 일의 출발점은 '영단어 책을 늘 책상 위에 올려놓는다'는 공부법, 아니 학습법이라고도 말할 수 없는 별다를 게 없는 습관이었습니다.

이는 일이 잘 풀렸을 때 이야기입니다. 반대로 실패담도 있습니다. 영어공부에 빠져든 이후에는 다양한 영어책을 사 모아서 한때는 집에 있는 책장이 영어 관련 책으로 가득 찰 정도였습니다. 그렇게 되니 제게 필요한 책이 어디 있는지 모르게 되었고, 책을 찾는 데 시간이 걸리거나, 어디에 있을 텐데 찾지 못하는 일도 있었습니다. 제게 필요한 정보가 적힌 책이 있는데, 그것이 쌓아둔 책의 산에 묻히거나 책장 깊숙이 매몰된 상태가 되면, 가지고 있지 않은 것이나 마찬가지입니다.

저는 어학 관련 책뿐 아니라 업무자료를 비롯해 늘 십수 권의 책을 동시에 조금씩 읽습니다. 그래도 '지금 내게 필요한 책' 딱 한 권 또는 한 세 권 정도는 늘 손이 닿는 곳에 두고 언제라도 다시 읽는 습관을 지금도 이어가고 있습니다.

10

작심삼일로
좌절하지 않으려면

　새로운 도전을 시작하더라도 언제나 '작심삼일'로 금방 좌절해
버리는 분이 많을 것입니다. 그런 사람이 "나는 무언가에 도전하
더라도 길게 이어지지 않는 의지박약이에요"라고 자조하듯 말하
는 것을 들은 적도 여러 번입니다. 하지만 그들이 예외적으로 의
지가 약한 것이라고는 생각하지 않습니다. 일상생활의 사이클에
지금까지 하지 않았던 새로운 일을 추가하는 것은 그리 간단한
일이 아닙니다. 의지를 갖고 실행하는 사람이 있다 하더라도 그조
차 그러기가 쉽지 않을 것입니다.

저도 학창시절에는 공부를 꾸준히 할 수 없었습니다. 중간고사, 기말고사 전에만 필사적으로 벼락치기를 해 지식을 쑤셔 넣고 "이렇게 시험 전에만 열심히 하는 건 싫으니 시험이 끝나면 매일 조금씩 공부해야지"라고 매번 다짐했지만, 시험이 끝난 그날은 해방감으로 가득 차, 작심삼일은커녕 그날부터 좌절하는 '작심0일'이 되었습니다. 학생일 때는 한결같이 그걸 반복할 뿐이었죠.

공부뿐 아니라 무언가를 계속하기 위한 방법이 있습니다. 그 방법 중 제가 쓰면서 효과를 실감한 것은 '수첩이나 스마트폰 혹은 일기 등에 기록을 남기는 방법'입니다.

그 일을 꾸준히 했을 경우에는 며칠 연속으로 그랬는지, 중간에 쉰 경우에는 며칠 만에 다시 한 건지, 전부 합쳐서 며칠째 하고 있는지, 성과가 보인다면 얼마나 나아졌는지를 기록하는 것입니다.

구체적으로 예를 들면 이렇게 수첩이나 스마트폰 등에 메모를 해두었습니다. "5일 연속 영단어 책 Day 10, 23%"라고 적어놓은 건 지금까지 닷새 동안 연속으로 영단어 책을 공부 중인데, 다 합치면 열흘째 공부하고 있는 것이며, 책의 23퍼센트까지 진도가 나갔다는 말입니다. "14일 만에 영문법 책 Day5, 7%"라고 쓴 건 오늘 14일 만에 영문법 책을 공부했는데, 다 합치면 5일째 공부하고 있는 셈이며, 책의 7퍼센트까지 진도가 나갔다는 뜻입니다.

영어공부를 꾸준히 해도 매일 자신의 성장을 실감하기는 어렵습니다. 오히려 '열심히 한 것 같은데 결과를 알 수가 없네. 나는 영어가 안 맞나 봐' 하고 생각하기 쉽습니다. 하지만 '하루도 건너 뛰지 않고 공부했는가', '다 합쳐서 며칠 공부했는가', '몇 퍼센트 까지 진도가 나갔는가'라는 숫자는 하면 할수록 쌓이고 줄지 않 으므로 성과를 '가시화'할 수 있습니다.

'며칠 만'에 했다고 공부를 잠시 쉰 기록이 남아도 '아, 나 요즘 며칠 동안이나 공부와 담을 쌓았는데, 다시 하고 있다니 좀 대단 한걸' 하고 긍정적으로 받아들일 수 있습니다. 예를 들어 그 기간 이 '100일 만'이거나 '5년 만'이더라도 그 공백을 지나 다시 시작 했다는 것은 처음 출발했을 때만큼이나 큰 성과입니다.

11

습관이야말로
최고의 트레이너

아마 20년도 전에 경제경영서인지 어떤 책에서 읽었던 문장 같은데 잊히지 않는 문장이 있습니다. 정확한 출처가 생각나지 않으니 아는 분이 있으면 알려주시길 바랍니다. 출처는 잊었지만, 그 말의 임팩트는 잊지 못할 정도로 강렬했습니다. 세세한 표현은 정확하지 않아도 다음과 비슷한 말이었습니다.

당신의 인생을 보다 좋게 하기 위해 항상 부지런하게 일하는 일꾼이 있다면 얼마나 좋겠는가. 당신은 실제로 그 일꾼을 공짜로 부릴 수 있다. 그 일꾼의 이름은 '습관'이다.

습관 — 정확히 말하면 '좋은 습관' — 이라는 일꾼을 의지하는 방법을 익힌다면 당신의 인생은 틀림없이 좋은 방향으로 변화할 것입니다. '좋은 습관'은 당신의 인생을 더 좋아지게 하기 위해 부지런히 일하는 그야말로 다재다능한 일꾼입니다.

자주 하는 이야기인데, 매일 하는 양치질은 귀찮게 느껴질 때가 있더라도 그다지 큰 괴로움 없이 반복할 수 있습니다. 이것이 '좋은 습관'의 좋은 예입니다. 영어공부도 처음에는 꾸준히 하기 어려운 사람이 많겠지만 앞서 말한 것처럼 수첩이나 스마트폰에 학습기록을 남기고 매일 하는 게 당연한 '좋은 습관'이 된다면, "좋아, 공부하자!" 하고 굳이 결심하지 않아도 숨을 쉬듯 자연스럽게 공부할 수 있습니다. 양치질처럼 '늘 하던 거라 안 하면 오히려 기분 나쁠' 정도가 되면 당신의 영어공부는 출발 지점에서 훌륭하게 이륙하여 안정적인 궤도로 비행할 것입니다.

영어공부에서 가장 어려운 것은 '꾸준히 하는 것'입니다.

꾸준히 공부하면 조금씩이라도 지식이 쌓이고 이는 반드시 성장으로 이어집니다. '좋은 습관'이라는 일꾼을 잘 써서 '꾸준히 한다'는 목표를 달성할 수 있으면 당신의 영어공부는 반은 성공한 것이나 마찬가지입니다. 이렇게 '좋은 습관'은 영어공부를 꾸준히 하게 하는 데 힘이 될 뿐 아니라 실질적으로 공부를 하면서도 다양한 형태로 응용되어 도움을 줄 수 있습니다. 이에 대해서는 주제별로 뒤에서 다시 이야기하겠습니다.

이렇게 영어공부를 계속해나가더라도 인간인 이상 동기부여가 잘될 때도 있는 반면 안 될 때도 당연히 있습니다. 열심히 하는데도 성과가 나지 않는다거나…… 이런 벽에 부딪힐 때 다시 읽어보길 바라는 마음을 담아 제2부 마지막에는 〈성과가 나지 않아도 비관하지 마라〉라는 꼭지에 공부하는 이들을 향한 응원을 적었습니다.

공부를 하다가 지금 그야말로 '벽'에 부딪힌 사람을 상상해서 적었으니, 이 책을 다 읽고 난 다음에라도 책갈피를 끼워두거나 해서 영어공부 도중 길을 잃었을 때 몇 번이든 다시 읽어보고 힘을 얻는다면 기쁘겠습니다.

12

성과가 나지 않아도
비관하지 마라

열심히 하는 데도 결과가 좋지 않은 일은 영어공부를 할 때 자주 있습니다.

좀처럼 좋은 결과가 나오지 않아 고민이 될 때 이 말을 떠올리시기 바랍니다.

쉽게 넘을 수 없는 '벽'에 부딪히는 것은 당신이 성장 중이라는 증거입니다. 목표를 향해 노력하며 실력을 키우는 사람 앞에만 '벽'이 나타나기 때문입니다. 그것은 더 높은 다음 단계로 나아가기 위한 통과의례 같은 것입니다.

'벽'을 앞에 두고 멈춰 선 채로 망연자실할 때도 있을 것입니다.

이 벽을 넘지 못할지도 모른다는 불안이 스칠지도 모릅니다.

하지만 다음 단계는 '벽' 바로 너머에서 두 팔을 벌리고 당신을 기다리고 있습니다.

지금까지도 많은 이들이 '벽' 앞에서 멈춰 섰습니다.

하지만 기죽지 않고 '벽'에 맞선 사람들은 설령 오랜 시간이 걸리더라도 결국에는 반드시 벽을 넘어섰습니다. 빨리 넘어서야 좋은 것은 아닙니다. 시간이 오래 걸리면 걸릴수록 감동은 커질 것입니다. 성과가 나지 않을 때는 영어공부를 막 시작했을 때의 자신을 떠올려보시기 바랍니다.

영어 알파벳조차 몰랐던 때를 기억하나요?

그때와 비교하면 지금은 얼마나 성장했습니까?

의식하지는 못했을지라도 당신은 이제까지 많은 '벽'을 넘어왔습니다.

여태껏 공부하면서 쌓아온 시행착오는 전부 당신의 경험이 되었습니다.

배울 의지만 있다면 살아 있는 한 계속 성장할 수 있습니다.

그리고 '벽'을 앞에 두었을 때 반드시 기억하시기 바랍니다.

벽을 넘어서는 방법은 지금까지 걸어온 길과 다를 수 있다는 것.

한발 물러서서 공부 방법을 점검하면 새로운 길을 찾을 수도 있다는 것.

이를 떠올릴 때 당신은 이미 '벽'을 넘기 시작한 것입니다.

그렇게 해서 당신은 앞으로도 몇 번이고 '벽'을 넘어갈 수 있을 테지요.

목표에 도달하기 위해 계속 노력해온 당신의 모습은 아름답게 빛나고 있습니다.

주변 사람들이 뭐라고 하든 전혀 신경 쓰지 마세요.

설령 모든 사람이 당신의 꿈을 비웃더라도 저만은 절대 비웃지 않겠습니다.

열심히 하겠다고 생각하는 것만으로도 당신은 이미 성공한 사람입니다.

마음을 새롭게 다잡기 위해 이 글을 다시 읽는 당신은 무척 성실하고 멋진 사람입니다.

지금 당장 성과가 나지 않더라도 당신의 노력은 반드시 열매를 맺을 것입니다.

스스로 고민해서 고른 길을 믿고 계속 걸어가세요.

걷다 지칠 때는 언제든지 이곳으로 돌아와도 됩니다.

그 걸음을 계속하는 한 저는 언제까지라도 당신을 응원하겠습니다.

성과를
극적으로 높이는
세세한 팁

01

영단어와
영문법을 외우는
올바른 방법

영단어와 영문법 책을 최소 한 권씩(여러 권씩 있어도 좋습니다) 쉽게 참조할 수 있는 곳에 두고 매일 수첩이나 스마트폰 등에 학습 기록을 남길 준비가 되었다면 드디어 영어공부에 입문한 것입니다. 영어공부는 간단히 말하면 '기억하는 영단어를 늘리고 제대로 이해하지 못한 영문법을 줄여가는' 것이 전부입니다. 영어회화에서도 듣거나 말하는 능력의 바탕은 영단어와 영문법이기 때문입니다.

의욕에 가득 차 진지하게 공부하는데 그다지 성과가 나지 않는 사람의 경우 '영단어와 영문법을 외우는 방법을 모르는' 것이 원인일 때가 생각보다 많습니다.

대체 '영단어를 외우는 것'은 무엇일까요?

예를 들어 영단어 책에 "memorize=암기하다"라고 적혀 있다고 해서 '흠, 메모라이즈가 암기하다라는 뜻이구나. 몰랐네. 다음에 보면 기억할 수 있을까. 어쩌지? 음, 그럼 다음 단어' 하고 금방 다음 단어로 넘어가면 '외웠다'고 할 수 없습니다. 그건 그저 '본 것'입니다.

제가 생각하기에 '영단어를 외운 상태'란 'memorize'라는 철자를 본 순간 그 발음과 의미가 1초 안에 떠오르고 동시에 '암기하다'라는 말을 봐도 'memorize'라는 단어와 음이 1초 안에 떠오르는 상태를 가리킵니다.

물론 처음 본 순간 완벽하게 체득할 수 있는 사람은 없습니다. 'memorize'라는 철자를 보고 (발음기호나 의미는 가리고) 그 발음과 의미를 1초 안에 떠올릴 수 있을 때까지 가능하면 큰 소리로 (소리를 낼 수 없는 장소에서는 머릿속으로) "메모라이즈…… 암기하다…… 메모라이즈…… 암기하다" 하고 반복해야 합니다. 처음에는 그 발음과 의미가 떠오르는 데 몇 초 걸리겠지만, 몇 번이고 반복하다 보면 분명 1초 안에 떠올릴 수 있게 됩니다. 소리로 (혹은 머릿속으로) 반복하는 것만으로는 외우는 것이 어렵다면 'memorize'의 철자를 몇 번이고 종이에 쓰면서 (또는 스마트폰 등에 철자를 치면서) 그때마다 "메모라이즈…… 암기하다…… 메모라이즈…… 암기하다" 하고 소리를 내거나 머릿속으로 되뇌면 더 외우기 쉽습니다. 눈으로만 보면서 외우지 말고 소리를 내거나 손을 움직이면서 외우는 것이 뇌에 더 깊이 각인됩니다.

영단어의 발음과 의미를 외웠다고 끝이 아닙니다. 반대로 '암기하다'라는 우리말을 보는 순간에도 'memorize'의 철자와 '메모라이즈'라는 발음을 1초 안에 떠올릴 수 있어야 합니다. 철자를 외우지 못하면 몇 번이든 써보아야 합니다. 여기까지 해내야 처음으로 "영단어 하나를 외웠다"고 말할 수 있습니다. 영단어를 실제로 써보는 데는 시간이 걸리겠지만 특이한 철자의 단어는 직접 써보지 않고는 외우기가 어렵습니다. 예를 들어 '숙박시설'이라는 뜻을 가진 영단어는 우리말로 쓰면 '어카머데이션'이란 음이 되는데, 철자는 다음 중 무엇일까요?

(A) acomodation   (B) accomodation

(C) acommodation   (D) accommodation

이 단어처럼 같은 알파벳이 연속해서 나오는 경우에는 설령 발음과 의미를 알고 있어도 철자를 정확히 기억해내기 쉽지 않습니다. 이렇게 외우기 힘든 단어를 기억하려면 펜으로 쓰면서 "그렇군. 'accommodation'에는 c와 m을 두 개씩 쓰는구나" 하고 몸

으로 실감하는 것이 효과적입니다. [질문의 정답은 (D)입니다.]

몇 번이고 외워도 영단어가 잘 외워지지 않는다는 사람은 대부분 '한 번도 제대로 외우지 않은' 것입니다. '몇 번이나 외웠다'고 느끼는 건 단순한 착각입니다. 한번 제대로 외웠다면 쉽게 잊히지 않습니다.

여기에서 지적하고 싶은 영단어 공부의 함정이 있습니다. 수많은 영단어 책이 매일 수십 단어씩 외우는 것을 기본으로 하고 있다는 점입니다. 확실히 수천 단어의 어휘력을 갖추려면 매일 수십 단어를 외우는 것이 이상적입니다만, 수십 단어를 '외운 것 같기만' 하면 실제로는 하나도 제대로 외우지 못한 것이나 마찬가지입니다. 그것보다는 차라리 하루에 몇 단어라도 제대로 외우는 쪽이 수십 단어씩 대충 외우는 것보다 훨씬 효과가 좋습니다. 영단어 책을 활용할 때, 거기서 제안하는 '기본' 분량이 힘들다면 무리하지 말고 자신이 제대로 외울 수 있는 속도로 공부하는 것을 추천합니다.

영문법을 공부하는 것도 영단어를 외우는 것과 마찬가지입니다. 영문법의 해설을 그저 '읽는' 데 그쳤다면 이해했다고 할 수 없습니다. 자신이 이해를 했는지 못 했는지 확인하는 방법은 어떤 문법 지식에 대해 "○○라는 건, 말하자면 이러저러한 말이야"라고 스스로 설명할 수 있는지 살펴보는 것입니다. 지인과 함께 공부해서 얘기할 상대가 있다면 그 사람에게 설명해보고 질문을 받아서 자기가 대답할 수 있는지 시험해보는 게 가장 효과적입니다. 상대가 없는 경우에는 자기 자신에게 설명하고 '셀프 해설'을 완벽하게 해낼 때까지 반복하는 것이 영문법을 이해하는 데 가장 이상적인 방법입니다.

예를 들어, 영문법 책에 '동사의 현재진행형'이라는 항목이 나왔다면, 그 설명을 읽고 이해한 느낌이 든다고 넘어갈 것이 아니라 텍스트로 적힌 내용을 자기 나름대로 이해하고 자신의 말로 자신에게(상대가 있으면 그 사람에게) 다음과 같이 설명해봅시다.

동사의 현재형은 현재 일상적으로 반복하는 동작을 가리키는 데 반해, 현재진행형은 지금 이 순간, 바로 진행 중인 동작을 말합니다. 예를 들어 'I drive to the office'는 '나는 운전해서 출퇴근한다(는 것을 일상적으로 반복한다)'는 의미이고, 'I am driving to the office'라면 '나는 지금 바로 이 순간, 운전해서 회사에 가고 있다'는 뉘앙스가 됩니다.

말하자면 이렇게 본인이 설명할 수 있을 때 비로소 '외웠다'고 할 수 있습니다.

많은 사람이 영단어를 외우고 영문법을 이해하는 데 고생하는 이유는 물론 제대로 외우지 않고 '외운 것 같을 뿐'인 상태에서 다음으로 넘어가려 하기 때문입니다.

　수없이 많은 단어에 노출된다 하더라도, 수없이 많은 영문법 텍스트를 독파한다 하더라도 '외운 것 같은' 상태를 탈피하지 않는 한 '영어 낙제생'에서 벗어날 수 없습니다.

　반대로 말하면, '외운 것 같은' 상태와 타협하지 않고 하나하나의 단어나 문법 지식을 공들여 외우는 습관을 들였을 때, 그때야말로 당신의 영어실력은 상승기류를 탈 것입니다.

02

틀린 우리말로
기억하지 않으려면

영단어를 외울 때는 '틀린 발음으로 기억하지 않으려고' 주의해야 합니다. 저도 학생 때는 발음기호를 읽는 방법을 이해하지 못해서 시험을 보려고 영단어를 외울 때면 전부 제 식대로 로마자를 우리말로 쓴 다음 그걸 기억하려고 했습니다. 예를 들어, amateur(비전문가)라면 '아마추어'라고 적어놓고 외우는 식이었지요(올바른 발음은 '애머처ㄹ['æmətə(r)]'입니다).

학창시절에는 듣기평가가 없었기 때문에 임시적인 암기법으로 피해 간 것인데, 취미로 영어공부를 시작하고 토익을 보게 된 후부터는 그러한 속임수가 전혀 통하지 않았습니다. 토익에서는 흘러가는 영어를 알아들어야 하므로, 설령 의미를 알더라도 올바른 발음으로 외우지 않으면 그 단어가 나왔는지조차 알 수 없습니다. '비전문가'를 의미하는 영단어의 철자가 'amateur'라는 사실을 알더라도 발음을 '아마추어'로 외우고 있으면 '애머쳐(ㄹ)'가 'amateur'인 걸 모르겠지요.

하지만 발음기호가 어려워서 잘 모르겠다는 사람도 당연히 있을 것입니다. 그런 사람은 CD나 인터넷에서 음원을 다운로드할 수 있는 서비스가 포함된 책을 골라서 올바른 발음을 들어야 합니다. 또는 단어를 찾을 때 스마트폰이나 컴퓨터에서 쉽게 쓸 수 있는 온라인사전이나 전자사전 등으로 발음을 듣는 것도 좋습니다. 무리해서 외우려고 하지 않아도 단어 옆에 표기된 발음기호를 보면서 정확한 발음을 여러 번 듣다 보면 발음기호를 읽는 방법도 자연스럽게 익힐 수 있습니다.

영어 철자에는 '파닉스'라는 발음 규칙이 있으므로 하나의 단어만 발음을 정확하게 기억하면 철자가 비슷한 다른 단어도 발음을 유추할 수 있다는 이점이 있습니다. 예를 들어 'cat'은 발음을 쓰자면 '캐트' 같은 음이 되는데, 이 '애트' 발음을 이해하면 'bat(박쥐)', 'rat(쥐)', 'mat(깔개)', 'pat(토닥이다)'의 '-at'부분도 똑같이 '배트', '래트', '매트', '패트'처럼 올바르게 발음할 수 있습니다.

외국인인 이상 처음에는 어쩔 수 없이 발음을 모국어로 치환해 버릴 수 있습니다. 그것은 처음 자전거를 배울 때 보조바퀴를 다는 것 같은 일로, 문제가 되지는 않습니다. 자전거 타는 데 익숙해지면 보조바퀴를 떼고 달릴 수 있는 것처럼 발음기호와 올바른 발음의 관계가 이해되면 모국어에 의존하지 않고도 영단어 철자만 보고 정확하게 발음할 수 있게 됩니다.

그렇지만 모국어로 바꿔서 외우면 틀린 발음을 하게 되는 것이 약점입니다. 예를 들어 'caffeine(카페인)'을 '카페인'이라고 치환한 다음 발음하면 네이티브에게는 'kapain'라는 의미 불명의 단어로 들립니다. 이런 일을 피하려면 '[ˈkæfiːn](캐피인)'이라는 발음기호를 보고 올바른 발음을 들으면서 그 음에 가깝게 소리를 내도록 노력해야 합니다.

03

좋은 발음의 비법은
의식할 포인트를
아는 것

이미 말했듯이 당신이 '발음의 유려함을 겨루는 세계선수권대회'에서 우승하고 싶은 것이 아닌 한, 유창한 발음에 필요 이상으로 집착할 필요도, 제대로 발음하지 못한다고 고민할 필요도 없습니다. 단, 영어만이 아니라 모든 언어에는 '내가 발음할 수 있는 단어는 알아들을 수 있다'는 절대 법칙이 있으므로, 말하기뿐 아니라 듣기를 위해서도 발음의 구조를 알아두는 것은 의미 있는 일입니다.

영어 발음은 우리말과 다른 점이 많기 때문에 발음의 구조를 모르면 음을 비슷하게 내기 어렵습니다. 반대로 말하면 영어의 음에 가까워지는 포인트만 알고 있으면 네이티브가 아니어도 네이티브 발음에 가까워질 수 있다는 뜻입니다.

일단 영어의 발음은 크게 나누어보면 '공기로 내는 음(무성음)'과 '소리에 의한 음(유성음)' 두 종류가 있으며, 쌍으로 된 것이 몇 가지 있습니다.

예를 들어, 윗니가 아랫입술에 닿은 상태로 '후' 하고 숨을 뱉으면 무성음 f 발음이 되고, 윗니가 아랫입술에 닿은 상태로 '부' 하고 소리를 내면(성대를 진동시키면) 유성음 v 발음이 됩니다. 영어 'fast(빠른)'와 'vast(넓은)'의 발음 차이는 무성음인가 유성음인가 ― 즉 공기인가 소리인가 ― 하는 차이입니다.

입술을 뾰족하게 내밀고 '푸' 하고 숨을 뱉으면 'park(공원)'의 p 발음, '부' 하고 소리를 내면 'bark(짖다)'의 b 발음이 됩니다. 윗잇몸을 혀끝으로 튕기면서 '투' 하고 숨을 뱉으면 'try(시도하다)'의 t 발음, '두' 하고 소리를 내면 'dry(말리다)'의 d 발음이 됩니다. 목구멍 안쪽에서 '쿠' 하고 숨을 뱉으면 'cruel(잔인한)'의 c 발음(발음기호로는 k), '구' 하고 소리를 내면 'gruel(죽)'의 g 발음이 됩니다.

다른 사람에게 조용히 해달라고 부탁하기 위해 검지를 입술에 대고 '쉿' 하고 말할 때처럼 입술을 내민 모양으로 '쉬' 하고 숨을 뱉으면 'sheep(양)'의 'shee' 발음이고, 그 음을 소리를 내며 탁하게 하면 'jeep(지프차)'의 'jee' 발음입니다. 또 'sheep'에서 'shee'

라고 할 때처럼 입술을 내밀지 않고, 평소 입술 모양으로 혀끝과 윗니 뒷면 사이에 공간을 만들고 거기서 '쉬' 하고 숨을 뱉으면 'sip(홀짝이다)'의 'si' 발음이, '지' 하고 소리를 내면 'zip(지퍼)'의 'zi' 발음이 됩니다.

'sheep'에서 'shee'라고 할 때처럼 입술을 내민 상태로 t 발음을 할 때처럼 윗잇몸을 혀끝으로 '츠' 하고 튕기면 'choke(숨이 막히다)'의 ch 발음이고, '즈' 하고 소리를 내면 'joke(농담)'의 j 발음입니다.

이처럼 신경 써야 할 포인트를 아는 것만으로 네이티브 발음에 가까워질 수 있고, 더불어 그 음을 구분해서 들을 수 있습니다. 물론 발음 법칙을 한 번에 전부 외우는 것은 힘드니, 여러 번 연습해서 조금씩 이해를 심화하는 것이 좋겠습니다. 반복하는 동안 자연스럽게 그 발음을 정확히 할 수 있게 됩니다.

특히 안 되는 발음을
연습하는 방법

영어 발음이 잘되지 않는 이유는 영어와 우리말은 애초에 사용하는 근육이 다르기 때문입니다. **영어 발음 연습은 말 그대로 '근육 트레이닝'입니다.** 근육 트레이닝이므로 연습하지 않는 한 절대 근육이 붙지 않습니다(그 발음이 안 됩니다)만, 제대로 트레이닝하면 분명 정확하게 발음할 수 있습니다.

어려운 영어 발음으로 특히 손꼽히는 것이 "Thank you"의 th 발음 그리고 l(L)과 r(R)의 구분입니다. 이 부분이 서툰 사람이 굉장히 많습니다.

"Thank you"의 th 발음은 위아래 잇새에서 혀끝으로 공기를 내보내듯 '스' 하고 숨을 뱉는 발음입니다. '스' 하고 소리를 내면 'smooth(매끄러운)'의 th 발음이 됩니다. 이 th 발음을 연습할 때는 휴지를 입술 몇 센티미터 앞에 두고 "Thank you"라고 말하는 트레이닝이 효과가 있으니 해보시기 바랍니다. th 발음을 제대로 한다면 휴지가 흔들리겠지만, 처음에는 거의 흔들리지 않을 가능성이 높습니다. 휴지가 흔들릴 때까지 연습을 하면 평소 사용하지 않는 얼굴 근육을 사용한다는 걸 알 수 있습니다. 발음은 근육 트레이닝이기 때문입니다.

계속해서 l과 r에 대해 알아봅시다. 영어의 l을 발음할 때는 혀끝을 윗잇몸에 붙인 채 숨을 내뱉습니다. 영어에서는 l 발음을 할 때 반드시 혀끝이 윗잇몸에 닿습니다. 만약 혀끝이 떨어져 있으면 그것은 정확한 발음이 아니라는 뜻입니다. 반면 r은 '우'라고 말할 때처럼 입술을 오므린 상태로 입 가운데에서 혀를 마는 발음입니다. 실제 '우'라고 소리 낼 필요는 없지만 연습할 때는 '우'라고 말하면서 그 입술 모양을 유지한 채 혀를 말고 r 발음을 하면 도움이 됩니다.

연습 삼아 혀끝을 윗잇몸에 붙인 채로 'leader(지도자)', 입술을 '우' 모양으로 하고 혀를 말아 'reader(독자)'라고 말해보세요. 우리말로는 둘 다 '리더'지만, 전혀 다른 발음이라는 걸 알 수 있을 것입니다. 이 포인트를 이해하고 제대로 발음할 수 있으면 l과 r을 구분하여 들을 수 있습니다.

l과 r을 잘 구분하지 못하면 단어의 음과 뜻을 알더라도 철자를 떠올리지 못하고 헤맵니다. 예를 들어 '정기적으로'라는 뜻을 가진 영단어는 우리말 발음으로는 '레귤러리'인데, 다음 중 어느 게 맞는 철자인지 바로 찾을 수 있나요?

(A) reguraly (B) regurarly (C) regulary (D) regularly

위의 보기처럼 어디가 l이고 어디가 r인지 헷갈리는 일은 l과 r을 구별하지 않는 한 빈번하게 일어납니다. 하지만 l과 r은 발음할 때 혀의 위치가 완전히 다르므로 몇 번씩 발음하면 혼동을 방지할 수 있습니다. 즉 올바른 철자인 (D)번 'regularly'를 보고 외우는 게 아니라, l과 r의 자리를 발음할 때 혀의 위치를 의식하면서 발음하면 혀를 사용하여 바르게 외울 수 있습니다.

또 영어와 모음이 다르기 때문에 틀리기 쉬운 영어 발음도 있습니다. 영어의 '아'는 네 가지 종류로, '입을 크게 벌리는 아', '우리말의 아에 가까운 아', '입 중앙에서 울려서 오라고 들리는 아', '애와 아의 중간 발음인 아'가 있습니다.

앞의 세 개는 대략적으로 입을 크게, 중간 정도로, 작게 벌린다는 점이 다르지만, 마지막 '애와 아의 중간 발음인 아'는 우리말에는 존재하지 않는 발음이므로 중요합니다.

예를 들어 'have(가지다)'나 'can(~할 수 있다)'의 a는 이 '애와 아의 중간 발음인 아'입니다. 이 발음을 연습하려면 처음에는 '해아브', '캐안'처럼 실제로 '애아'라고 소리를 낸 다음 그 부분('have'와 'can'이라면 '해아'와 '캐아' 부분)이 한 음이 되도록 조금씩 빠르게 반복해서 영어의 발음에 가깝게 해야 합니다. 제대로 발음할 수 있게 되면, 영어의 'have'는 '해브'가 아니라 '해아브'라고 들리는 '애아' 음이 포함되어 있음을 민감하게 알아차릴 수 있습니다.

영어에는 '이' 발음도 두 종류가 있는데 '에와 이의 중간 발음인 이'와 '입술을 좌우로 당기는 이'입니다. 일단 '에와 이의 중간 발음인 이'를 예로 들면 'beat(때리다)'의 'ea' 부분을 발음할 때, '베트'라고 말하듯 '베'의 입 모양을 하면서 '비트'라고 소리를 내면 그 중간 발음이 되어 원래 발음과 비슷합니다. 또 'yes(네)'나 'you(당신)'의 y는 발음기호로는 '[j]'라고 쓰는 '이'와 비슷한 음입니다. 입을 좌우로 당긴다고 의식하고 '이'라고 하면 이 발음에 가깝게 말할 수 있습니다.

마지막으로 '오'에 대해 소개하겠습니다. 영어의 '오'에는 두 가지 종류가 있는데, 길게 '발음하는 오'와 '오우'라는 음입니다. 'normal(보통의)'의 'nor'는 '노오' 하고 길게 발음하지만, 'no(아니요)'라고 말할 때는 '노우' 하고 발음합니다. 영어에서는 이 '오우'가 한 음입니다.

이런 발음에 민감해지면 네이티브가 "No"라고 말할 때 '노오'가 아닌 '노우'라고 발음하는 걸 알 수 있습니다.

급하게 소개했지만 지금까지 이야기한 영어 발음의 포인트를 의식하는 것만으로도 네이티브의 발음과 비슷해지고, 구분할 수 있는 음도 늘어날 것입니다.

05

네이티브 발음에
가까워지지 못하게 하는
세 개의 벽

단어 단위로 발음 법칙을 배워도 영어 발음이 네이티브와 달라지는 데는 세 가지 큰 이유가 있습니다. 음절(syllable), 악센트(accent), 음의 변화입니다.

음절은 모음을 중심으로 구성되는 음의 최소단위로, 하나의 음절은 하나의 음으로 발음할 필요가 있습니다. 영단어는 하나 내지는 복수의 음절로 이루어지고, 어느 사전이든 몇 음절인지 명시되어 있지만, 사람들은 대부분 그것을 의식하지 않습니다.

예를 들어 'amateur group(비전문가 집단)'은 몇 음절일까요?

'아마추어+그룹'이니까 두 개? 아니면 '아+마+추+어+그+룹'이니까 여섯 개? 일반적으로는 이 두 가지로 해석하기 마련이지만, 정답은 네 음절입니다.

그룹이란 단어는 '그+룹' 두 음이 아니라 '구루웊'이라고 끊지 않고 한 번에 발음해야 하는 한 음입니다. 그걸 어떻게 아느냐 하면 사전에 음절 구분이 되어 있지 않기 때문입니다. 발음기호에는 '[gruːp]'이라고 되어 있는데, 이것은 모음 u를 핵심으로 하는 하나의 음이라는 걸 나타냅니다. 여기서 마지막 철자인 p에 모음이 붙어 있지 않으므로 '프'로 발음하지 않고 성대를 진동하면서 '룹'처럼 발음합니다.

앞서 다루었던 'amateur'라는 단어는 '아+마+추어' 이렇게 세 음절입니다. 즉 'amateur group'은 'am+a+teur+group'이라는 네 음절입니다.

우리는 보통 '아마추어+그룹' 이렇게 두 음절이나 '아+마+추+어+그+룹' 이렇게 여섯 음절로 발음하게 됩니다만, 시험 삼아 '아+마+추어+그룹' 이런 식으로 네 음절을 의식하고 발음해보시기 바랍니다(실제 네이티브의 발음은 뒤에 말할 음의 변화에 의해 '앰어+어+츄얼+구루웊'으로 들립니다). 두 음절이나 여섯 음절로 생각하고 발음하는 것과 네 음절로 발음하는 것은 리듬이 전혀 다릅니다. 어쩐지 네 음절 쪽이 네이티브와 가까운 발음으로 들릴 것입니다. 초급이나 중급 단계에서는 음절까지 신경 쓸 여유가 없을 테지만, 머릿속 한구석에 기억해두고 생각났을 때 의식하는 것만으로도 발음은 자연스럽게 변합니다.

다음으로 중요한 것이 악센트입니다. 악센트는 단어를 구성하는 몇 개의 음절에서 어느 부분을 가장 강하게 읽을지를 가리킵니다. 사전에서는 보통 세게 읽어야 할 모음에 'good[gúd]' 이렇게 u 위처럼 사선을 붙여둡니다. 강하게 읽는 음절 앞에 아포스트로피(', apostrophe)가 붙어 있는 경우도 있습니다. 우리말에는 악센트 개념이 별로 없어서 대수롭지 않게 여기기 쉽습니다만, 아센트 부분을 강조하지 않으면 뜻이 전달되지 않는 경우도 있습니다.

저에게는 잊을 수 없는 경험이 있습니다. 네이티브와 볼링을 치다가 지쳐서 농담으로 "My stamina is running out(내 체력이 다 떨어졌어)"이라고 했더니, "My what(너의 뭐가 떨어졌다고)?" 하고 진지하게 반문하는 것입니다. 설마 그런 단순한 단어가 전달되지 않았을 리 없다고 생각했는데, 몇 번이고 'stamina'를 외치고 나서야 상대는 "Oh, stamina(아, 체력)!" 하고 이해했습니다. 그때 '스태아미나'라는 그의 발음을 듣고, 뜻이 전달되지 않은 이유를 깨달았습니다. 이 단어는 '애아' 부분에 악센트가 있어 그 부분을 강조해야 하기 때문입니다. 우리가 보기에는 '그 정도는 강조하지 않아도 알아듣지 않나? 못 알아먹을 리가 없잖아'라고 생각할 수 있지만 실제로 악센트를 무시하면 다른 의미의 단어로 들리기도 하므로, 악센트가 다르다는 이유만으로 의사소통이 되지 않는 일이 흔합니다. 예를 들어 '호텔'이라고 하면 네이티브에게 전달이 힘든 경우가 있습니다. 'hotel'은 'te' 부분에 악센트가 있어, '호테(우)' 같은 발음이 되기 때문입니다(영어 l은 '우' 발음처럼 들릴 때가 많습니다).

　세 번째 벽은 음의 변화입니다. 영어에서는 단어와 단어가 겹칠 때 음이 변화하거나 소멸합니다. 예를 들어 'an apple(사과)'이라면 '언 애플'이 아니라 'an'의 n과 'apple'의 a가 합쳐져 '애나포(우)'같은 발음이 됩니다. 또한 "Got it(알았어)"이라는 구문의 경우 '갓 잇'이 아니라, 네이티브는 '가릿'이라고 발음합니다. 'got'의 t와 'it'의 i가 묶여서 '리'가 되어 'it'의 t 음이 소멸한 것입니다. 이처럼 음과 음이 연결되어 변화하는 것을 연음이라고 합니다(연음을 뜻하는 영단어 'liaison'은 원래 프랑스어로 '연결'이라는 의미입니다). 연음에 의한 음의 변화는 단어나 문법의 기억법과 연관이 있으므로 다음 꼭지에서 더 자세히 설명하겠습니다.

06

기억의 최소단위를
조금씩 늘리자

초급 단계에서는 단어를 하나씩 외우는 것만으로도 고역이라 무척 힘들다고 생각하겠지만, 조금씩 익숙해져 청크(chunk, 복수의 단어 덩어리) 단위로 기억하게 되면 몇 가지 이점이 있습니다.

예를 들어 'join(가입하다)'이라는 단어를 외울 때 'join us(우리 편에 가담하다)' 이렇게 세트로 외우면 'join' 뒤에 목적어를 붙인다는 문법이나, '조인'과 '어스' 음이 이어져 '조이너스'로 변화한다는 발음법도 같이 기억할 수 있습니다. 더불어 "Why don't you~(~하는 게 어때?)"라는 표현과 세트로 "Why don't you join us(우리와 함께하는 게 어때?)"라고 문장을 한 단위로 기억해두면 '돈트'와

'유'가 합쳐져 '돈츄'로 변한다는 사실도 외울 수 있고, '와이 돈츄 조이너스'라는 문장 전체를 마치 하나의 단어처럼 구사할 수 있습니다. 실제 네이티브는 "Why don't you join us?"라고 할 때 'Why+don't you+join us'로 구분하지 않고, '와이돈츄조이너스'라고 전체를 한 덩어리인 것처럼 이야기합니다. 또 일상 회화에서는 "Why don't you join us?"라는 교과서적인 표현보다 간략하게 "Join us?"를 사용하는데, 이것이 더 자연스러운 표현입니다.

음과 음이 이어지며 변화하거나 소멸하는 경우는 사실 우리말에서도 종종 찾아볼 수 있습니다. 예를 들어 '어서 오십시오'나 재미난 일'이라는 말은 친하거나 격식을 차리지 않는 자리에서는 '어섭셔'나 '잼난닐'로 줄여 발음합니다. 외국인이 들으면 '어서 오십시오'나 '재미난 일'을 연상하기 어려울지 모르지만, 말이란 본래 그렇게 음이 변화하거나 도중에 음이 소멸하거나 하는 것입니다. 이런 단어의 연결에 의한 음의 변화를 기억하려면 애초에 여러 단어 단위의 청크로 외우는 것이 좋습니다.

단어 단위로 기억한 후 청크 단위, 나아가 문장 단위로 외우기를 시도하면 발음만이 아니라 문법까지도 정확하게 기억할 수 있다는 장점이 있습니다. '단어 하나도 외우기 힘든데, 청크나 문장이라니, 외울 수 있을 리가 없다'고 생각하는 사람이 있을지도 모릅니다. 하지만 실제로는 하나의 단어에 연관된 정보를 점점 추가

하는 쪽이 외우기 쉽습니다. 어떤 사람에 관한 정보를 기억할 때도 마찬가지입니다.

당신이 누군가를 만났을 때, 처음에는 정보가 외모나 이름밖에 없으니, 그 사람과 한 번 만난 것만으로는 그를 기억하기 꽤 힘들 수 있습니다. 하지만 같은 사람을 여러 번 만나서 이야기하다 보면 상대의 성격을 알게 되고, 다양한 에피소드를 들으면서 그 사람에 대한 기억이 머릿속 깊이 새겨집니다. 단어를 외우는 것도 이와 마찬가지로 그 단어를 여러 번 만나는 과정에서 관련 정보를 추가할 필요가 있습니다.

능력이 아니라
구조로 외운다

"전 원래 기억력이 안 좋은데, 나이 먹으니까 건망증이 심해져서……." 이렇게 말하는 사람이 정말 많습니다. 하지만 이 책 앞부분에서 말했듯이 타고난 기억력에는 차이가 없을뿐더러 나이를 먹는다고 기억력이 심하게 떨어지지도 않습니다. 아이들도 자주 잊어버리지만, 몇 번이고 계속해서 다시 외우는 것뿐입니다. 기억력에 개인차나 나이 차가 있는 것처럼 착각하는 이유는 기억의 방법에 차이가 있기 때문입니다.

영단어를 외우거나 영문법을 공부할 때 어떤 책을 보더라도 성과를 낼 수 있지만, 무엇보다 중요한 것은 그 방법입니다. 소비하는 시간 이상으로 중요한 것은 '복습을 자주 하는 것', 그게 전부입니다. 공부 중인 영단어나 영문법 책은 늘 가지고 다니면서 하루에도 몇 번씩 다시 보는 것이 이상적입니다. 책을 (두껍거나 무겁다는 등의 이유로) 들고 다니기 어렵다면, 특히 외우기 힘든 영단어나 영문법 지식을 포스트잇 같은 작은 종이에 적어서 가지고 다니거나 스마트폰 메모장에 써두어 언제 어느 때든 들여다보시기 바랍니다. 실제로 자주 보는 것이 머릿속에 기억을 각인하는 데 무엇보다 큰 도움이 됩니다.

예를 들어 컴퓨터가 켜지기를 기다릴 때나 지하철을 기다릴 때, 신호가 바뀌기를 기다릴 때, 식당에서 음식이 나오기를 기다릴 때 등 일상생활에는 조금씩 비는 시간, 소위 '자투리 시간'이 무수히 많습니다. 한 번에 쓸 수 있는 자투리 시간이 십여 초나 몇 분이더라도, 하루에 수십 번 그런 시간이 있고, 모두 합친다면 충분히 뭔가를 할 수 있는 시간이 됩니다. 1년이라면 수백 시간이 되겠죠. 자투리 시간을 활용하는 걸 습관이라는 일꾼으로 만든다면 1년에 수백 시간을 유효하게 쓸 수 있습니다.

자투리 시간을 활용하면 바쁜 사회인이 시간을 효율적으로 사용할 수 있을 뿐 아니라 영단어나 영문법을 복습하는 데도 효과가 엄청납니다. 수십 초나 몇 분이라는 짧은 시간이라면 높은 수준의 집중력을 계속 발휘할 수 있고, 하루에 몇 번씩 반복해서 공부하다 보면 최고의 복습이 되기 때문입니다.

또 그 방법을 이야기하자면, 예를 들어 영단어나 영문법 책 페이지를 촬영해서 스마트폰 대기화면이나 컴퓨터의 배경화면으로 해두거나, 그 내용을 포스트잇에 적어서 냉장고나 화장실 벽에 붙여두는 사람도 있습니다. 저도 어떻게 해도 외워지지 않는 단어는 포스트잇에 적어서 컴퓨터 모니터 옆에 붙여두고 외우곤 했습니다. 이처럼 하루에 몇 번이고(혹은 종일) 눈길이 닿는 곳에 영단어나 영문법을 붙여두는 것은 극적인 효과를 기대할 수 있는 방법입니다.

'나이도 먹을 만큼 먹었는데 수험생처럼 필사적으로 공부하고 싶지 않다'고 생각하는 사람이 있을지도 모릅니다. 하지만 수험생은 필사적이기 때문에 외울 수 있는 것이지, 젊기 때문에 외울 수 있는 게 아닙니다. 실제로 50세가 넘어서 영어공부로 수험생의 몇 배나 되는 영단어를 마스터한 분이 적지 않습니다. 올바른 공부법을 안다면 영어공부를 시작하는 데 나이는 상관없습니다.

08

기초를 탄탄히 한
다음에는
무엇을 해야 할까

아는 영단어와 이해하는 영문법이 늘어나면 영어실력 기초가 어느 정도 몸에 익었다고 할 수 있습니다. 그렇다면 다음으로 무엇을 해야 할까요? 영어실력을 가장 빠르게 효율적으로 높이는 데는 토익 시험을 활용하는 것이 이상적입니다. 이에 대해서는 다음에 나오는 제4부에서 자세히 이야기하겠습니다. 영어공부를 시작했다고는 해도 토익은 아직 허들이 높게 느껴진다는 사람은 좋아하는 미국 영화나 드라마 대사 또는 팝송 가사를 이해해보려고하거나, 학습자용으로 나와 쉬운 영단어로 된 영어소설이나 학습

소재로 편집된 영어신문 등을 즐겨 읽으면 좋습니다.

영단어와 영문법 기초가 완성되면 미국 영화나 드라마를 보거나 팝송을 듣고도 영어를 알아듣고 이해할 수 있는 구절이 늘어납니다. 이는 영어를 오락거리로 즐길 수 있다는 말이니, 계속해서 즐기시면 됩니다. 이런 과정에서 모르는 것이 있을 때는 사전을 뒤지거나 영문법 책을 확인하면서 영어실력을 더욱 향상시킬 수 있습니다.

영어공부가 막히지 않도록 하는 방법으로는 공부 자체에 복수의 패턴을 마련하는 것과, 또 드라마나 소설, 음악 등 영어로 즐길 거리를 여러 종류 준비하는 것이 있습니다. 다양한 형태로 영어에 노출되면 A라는 공부법에 질렸을 때는 B를, B가 힘들어졌을 때는 C를 선택하는 식으로 바꾸는 게 가능해집니다. 공부하다 쉴 때도 영어와 관련된 걸 즐기면서 '영어공부에서 도망칠 곳도 영어'인 상황을 만들어두면 자연스럽게 영어실력이 계속 향상됩니다.

이미 말했듯이 영어실력이 바닥인 사람이 갑자기 영어회화 학원에 다니거나 유명한 영어교재로 공부하면 실패하는 경우가 많지만, 영어실력의 기초를 어느 정도 단단하게 다져놓은 단계에서는 그것들도 영어실력을 더욱 높이는 선택지가 됩니다. 그래도 또 좌절한다면 다시 기초로 돌아오는 일을 반복하면 됩니다. 영어회화 학원에 다녀도 회화 실력이 딱히 오르지 않는 사람이 많은 이유는 영어로 말하려면 단어와 문법의 기초가 필수적인데, 이는 영어회화 학원에 다니는 것만으로는 그다지 몸에 익지 않기 때문입니다. 반대로 말하면 기초가 몸에 익었는지 아닌지를 확인하기에는 영어회화 학원이 최적의 장소라는 말입니다.

인생에서 한 번도 들은 적이 없고 읽은 적 없는 구절을 갑자기 이야기하거나 쓸 수 있는 사람은 없습니다. 당신이 아웃풋(output)할 수 있는 영어는 이전에 인풋(input)한 지식에서 선택된 표현입니다. 인풋하지 않으면 아웃풋하려고 해도 그럴 수 없는 것이 당연한 일입니다. 일단은 당신의 머릿속에 입력부터 해야 합니다.

09

'다청다독'과 '정청정독'
어느 쪽이 옳은가

영어를 머릿속에 입력하려면 결국 '듣기'나 '읽기'가 선행되어야 합니다. 영어를 공부하는 이들은 이와 관련해 "'다청다독(多聽多讀)'과 '정청정독(精聽精讀)' 중 어느 것을 해야 하는가" 하는 질문을 무척 많이 합니다.

'다청다독'은 '어쨌든 영어를 많이 듣고 많이 읽는' 방법, 그에 반해 '정청정독'은 '영어를 제대로 듣고 제대로 읽는' 방법입니다.

'다청다독'을 추천하는 영어강사들이 적은 수가 아니라, 저도 그것을 곧이곧대로 듣고 '다청다독'을 시도했던 적이 몇 번 있습니다. 그렇지만 초급이나 중급 정도로 영어실력의 기초가 없는 단계에서는 닥치는 대로 '다청다독'을 계속해봤자 효과가 없다고 단언할 수 있습니다. 아무리 많이 듣고 많이 읽더라도, 그것만으로 갑자기 모르던 영어를 알게 되지는 않기 때문입니다.

예를 들어 프랑스어로, 아니 좀 더 생소한 산스크리트어로 생각해봅시다. '지식이 전혀 없는' 단계에서 산스크리트어를 '다청다독' 해도 당신의 산스크리트어 능력이 좋아질 리가 없습니다. 애초에 문자를 읽는 방법도 모르니, 다독하려고 해도 할 수 없을 것입니다. 모르는 발음이나 단어를 많이 접한다고 해서 갑자기 산스크리트어가 이해되지는 않습니다.

그런데 일부 영어강사들이 어째서 그것을 추천하느냐 하면, 상급 단계에서는 확실히 '다청다독'이 효과가 있기 때문입니다. 상급자는 이미 거의 모든 영단어와 영문법을 알고 있으며, 그들에게는 '다청다독'으로 아직 모르는 단어를 하나씩 발견하는 것이 의미 있는 행위입니다. 단, 이런 지도자는 자신이 초급이나 중급 단계였을 때의 상태를 잊었으므로(혹은 모르므로) 영단어와 영문법의 기초가 없는 사람에게 '다청다독'을 권하고, 결과적으로는 그들이 좌절하게 만듭니다.

저도 예전에는 영어실력이 '바닥'인 열등생이었기 때문에 초급자나 중급자가 영어를 알아듣거나 읽고 이해하는 것이 얼마나 힘든 일인지를 잘 알고 있습니다. 한 문장을 읽는 것도 힘든 단계인데 어떻게 '다청다독'을 할 수 있겠습니까? 처음에는 한 문장씩 제대로 듣거나 읽는 '정청정독'부터 덤벼들어야 합니다.

그렇게 한 문장씩 익숙한 문장이 늘어나면 자신이 이해할 수 있는 문장 비축분을 '다청다독'하는 것으로 큰 효과를 기대할 수 있습니다.

이미 알고 있는 영문을 '다청다독'하라고 하면 '다 아는 내용인데 무슨 의미가 있겠어' 하고 생각하는 사람도 많겠지만, 그렇지 않습니다.

'정청정독'하여 확실히 이해한 문장을 '다청다독'으로 머릿속에 새겨 넣으면 그 영문은 보다 깊이 기억에 각인되어, 비슷한 영문을 맞닥뜨렸을 때 그 문장을 고속으로 처리할 수 있게 됩니다. 완벽하게 몸에 익힌 표현으로 알아서 영어로 말할 수 있게 되는 것입니다.

10

'들리는 것'과
'이해하는 것'은 다르다

하나하나 영단어의 올바른 발음이나 연음에 의한 음의 변화를 의식하여 찬찬히 공부를 계속하면, 귀가 영어에 익숙해져서 '못 듣는 음이 없는' 상태에 점점 가까워집니다. 다만 '들리는 것'과 '이해하는 것'은 같지 않다는 사실을 미리 알아둘 필요가 있습니다.

'음을 듣는다는 게 이해한다는 말 아닌가' 하고 고개를 갸웃거릴지도 모르겠습니다. 하지만 사실 모국어에서조차 '들었다'가 '이해했다'와 같은 의미라 단언할 수 없습니다.

예를 들어 텔레비전 화면을 보지 않고 "다음은 하이브리드샘이

숏아리오레이비입니다"라는 멘트만 들었다면 그 음을 정확히 들었다고 해도, 모르는 단어가 포함되어 있기 때문에 그 의미를 이해할 수 없을 것입니다. 이런 일은 모국어여도 발생합니다. 즉 '듣는 것'과 '이해하는 것'은 같지 않습니다. (* '하이브리드샘이숏아리오레이비'는 〈무한도전〉 프로그램에 나온 캐릭터 이름입니다.)

영어에서도 설령 모든 음을 다 들었다 하더라도 그 문장에 모르는 문법이나 아는 단어의 모르는 의미가 포함되어 있다면, 이해할 수 없습니다.

예를 들어 다음 문장의 음을 완벽하게 들었다고 가정해봅시다.

They always make fun of me, because I'm developing my

English.

모든 단어의 의미를 알더라도 이렇게 착각할지도 모릅니다.

"'They always'는 '그들은 늘'이란 뜻이지. 'make fun of me'라…… 어떻게 해석해야 할까? '나를 그들의 팬으로 삼다?' 아니야, 'fun of me'니까, '나의 팬이 되다'인가? 쉼표 다음은 'because I'm developing'이네. 'develop'는 '발전하다'니까…… 아, 그렇구나. '나의 영어실력이 발전하고 있어서 그들은 늘 나의 팬이다'라는 의미구나!"

일단 첫 번째 착각으로 지지자라는 의미의 팬은 'fun'이 아니라 'fan'입니다. 'fun'은 '즐거운'이라는 뜻인데, 'make fun of A'는 'A를 놀리다'라는 의미가 됩니다.

'develop'는 '발전하다'라는 뜻이고, 'developing'은 '발전하는 중'이라는 뜻입니다. 뉴스에서 나오는 중요한 단어로 'developing country'는 '개발도상국'이고 'develop'가 완료된 '선진국'은 'developed country'입니다.

위에 나온 예문은 '나의 영어는 발전 중이라 그들은 늘 날 놀린다'라는 의미로 앞에서 착각한 대로 해석하면 원래 뜻과 정반대인 걸 알 수 있습니다.

이처럼 모든 음을 다 듣고 그 의미를 다 알고 있더라도 잘못 해석할 수 있습니다. '다 듣는 것'과 '다 이해하는 것'은 다릅니다.

이렇게 강조하는 이유는 듣기 공부를 할 때, "좋아, 이 문장은 전부 들었어. 그럼 다음" 이런 식으로 하나의 문장을 아직 제대로 이해하지 못했는데, 이해했다고 착각한 채 다음으로 넘어가는 경우가 많기 때문입니다. 이를 피하기 위해서는 음을 다 듣고 의미도 다 이해할 수 있는지, 단순히 음만 들었을 뿐인지 그 차이를 스스로 점검해야 합니다. 음을 다 듣고 또 이해할 수 있을 때까지 타협하지 않고 성취를 이루어야 '들음과 동시에 이해하는' 이상적인 상태에 이를 수 있습니다.

이와 관련하여 영어공부에서 유명한 섀도잉(shadowing)이라는 트레이닝을 언급해두고 싶습니다. 섀도잉은 네이티브가 영어 발음을 하면 조금 뒤에 그 음을 따라 하는 방법입니다. 영어를 듣고 동시에 이해하는 상급자에게는 섀도잉이 귀가 영어에 익숙해지게 하는 훈련이 됩니다. 초급자가 하기에는 힘들고, 중급자가 무리해서 시도하더라도 '의미는 알겠지만 음만 듣는 데 집중하는' 나쁜 습관이 들기 때문에 상급자가 되기 이전에는 섀도잉을 피하는 것이 좋습니다.

11

영문을
'우리말 어순에 맞춰
읽지 않기' 위해서는

"어떻게 해야 영어 문장을 빠르게 읽을 수 있죠?" 제가 많이 듣는 질문 중 하나입니다. 영어 문장을 빨리 읽는 비법은 존재합니다. 정독으로 이해한 문장을 여러 번 읽고, 우리말 어순에 맞춰 반복해서 읽지 않는 것입니다.

영어와 우리말은 어순이 다르므로 독해를 할 때 자신도 모르게 우리말 어순에 따라 읽어버리는 사람이 많습니다. 예를 들어 다음과 같은 영문이 있다고 합시다.

I wonder whether I could master English, even if I start learning after the age of 50.

"어, 그러니까, 'I wonder whether'는 '나는 whether 이하의 내용이 궁금하다'고, 'whether'는 '~인지 아닌지'라는 뜻이야. 그 뒤에 나오는 'I could master English'는 '영어에 능숙해질 수 있다'는 의미이고. 'can'이 과거형인 'could'가 된 건 추측의 뉘앙스겠지? 일단 쉼표 앞을 해석하면 '나는 내가 영어에 능숙해질 수 있을지 궁금하다'야. 쉼표 뒤는 'even if', '심지어 if 이하여도'고, 'if' 뒤 'I start learning after the age of 50'라는 문장은 50세가 넘어서 공부를 시작해도'니까, 쉼표 뒤를 해석하면 '내가 50세가 넘어서 공부를 시작해도'라는 뜻이지. 앞부분과 뒷부분의 해석을 이으면 '내가 50세가 넘어서 배우기 시작해도 내가 영어에 능숙해질 수 있을까'라는 의미구나."

이렇게 몇 번이나 앞쪽으로 돌아가서 해석하는 것이 '우리말 어순대로 읽는 것'입니다. 이렇게 하면 같은 문장을 두 번, 세 번 읽게 되는데, 그만큼 시간이 많이 듭니다. 영어 어순에 익숙하지 않은 초급자나 중급자가 우리말 어순대로 읽는 것은 어쩔 수 없지만, 듣기의 경우 음성이 흘러가버리기 때문에 그렇게 읽을 수 없습니다. 듣기에서 영어를 '들음과 동시에 이해'할 수 있으려면 일단 듣기를 할 때 '문장 처음부터 읽음과 동시에 이해'하는 상태가 되는 것이 이상적으로, 그렇게 되려면 **이미 이해한 영어 문장을 여러 번 음독하는 방법**이 효과적입니다.

책에 부록으로 들어 있는 CD나 네이티브 음성 음원을 들으면서 발음이나 억양을 기존의 네이티브 음성에 겹치도록, 코미디언이 모사하는 것처럼 자기 목소리를 오버래핑(overlapping)하면 발음도 연습이 되니 일석이조입니다.

오버래핑을 연습할 때 '의미는 확실히 모르지만 아무튼 영문을 음독하는' 상태가 되지 않도록 음독하는 영문의 내용을 이해하고 있는지를 확인하시기 바랍니다. 의미를 이해하지 않고 영문을 음독하면 발음 연습은 되겠지만, 읽으면서 바로 영문을 이해하는 연습은 되지 않습니다.

처음 봤을 때는 우리말 어순으로 읽지 않으면 독해가 되지 않던 문장도, 일단 의미를 이해한 후에 음독하면 문장을 읽어가는 순서대로 의미가 머릿속에 떠오릅니다. 이처럼 이해한 문장을 오버래핑으로 음독하는 연습을 반복하면 비슷한 구조의 문장은 처음 보더라도 우리말 어순대로 읽지 않고도 읽음과 동시에 의미를 이해할 수 있게 됩니다. 그리고 독해로 영문을 처음부터 영어 어순대로 처리할 수 있게 되면 듣기에서도 '들음과 동시에 이해'할 수 있습니다.

12

영어를
아웃풋하기 위한
트레이닝

영어를 아웃풋(말하기나 쓰기)하기 위해서는 일단 인풋(듣기나 읽기)이 필요하다고 앞서 말했지만 사실 공부법을 고민하면 인풋과 아웃풋 훈련을 동시에 할 수 있습니다.

영어를 공부하는 이들에게 '말하기가 잘 안 된다'는 것은 가장 큰 고민입니다. 그래서인지 말하기에 대한 고민을 털어놓는 사람이 많습니다. 우리가 영어로 잘 말하지 못하는 이유는 대개 두 가지입니다. 먼저 첫 번째, 계속하는 말이지만, 지식을 인풋하기 전에 아웃풋하려고 하기 때문입니다. 두 번째로는 말하기를 연습하는 횟수가 너무 적기 때문입니다.

피아니스트가 연주하는 CD를 몇 번이고 들었다고 연주 경험이 전혀 없는 사람이 피아노를 칠 수 있게 된다고 생각하는 사람은 없을 것입니다. 하지만 영어에 관해서는 "아무리 영어를 들어도 영어로 말하는 건 안 되던데요"라고 하는 사람이 많습니다. 이는 "아무리 피아노 연주를 들어도 피아노를 칠 수 없던데요"라고 말하는 것이나 마찬가지입니다. 피아노를 칠 수 있으려면 실제로 치는 연습을 하는 수밖에 없는 것처럼, 영어로 말하기 위해서는 실제로 말하는 연습을 해야 합니다. 물론 말하기 상대가 되어줄 외국인이 없는 경우가 많습니다. 상대가 없어도 괜찮습니다.

영어로 말하기 위한 첫걸음은, 제3부 첫 꼭지에서 설명한 '단어를 외우는 방법'이기도 한데, 일단 영단어를 정확하게 발음하는 연습을 하는 것입니다.

영단어의 우리말 뜻을 보고 스스로 발음할 수 있고 철자를 쓸 수 있다면, 그 단어는 내가 아웃풋할 수 있는 상태인 셈입니다.

인간의 어휘력(단어력)에는 듣거나 읽을 때 이해할 수 있는 '수동어휘'와 말하거나 쓸 때 사용할 수 있는 '능동어휘' 두 종류가 있습니다. '수동어휘'를 계속 단련한들 '능동어휘'는 영원히 단련되지 않습니다. 많은 영단어를 외웠음에도 말하기나 쓰기에서 영단어가 머릿속에 떠오르지 않는다면 '수동어휘'를 늘렸을 뿐 '능동어휘'는 늘리지 못했기 때문입니다. '능동어휘'를 늘리려면 실제로 아웃풋 해보는 수밖에 없습니다. 즉 영단어를 몇 번이고 자신의 입으로 말해보고 철자를 직접 써보면서 올바르게 발음하고 적을 수 있게 되어야 그 단어가 아웃풋해서 쓸 수 있는 '능동어휘'로 몸에 익는 다는 말입니다.

앞서 말한 것처럼 단어 단위에서 청크 단위, 문장 단위로 외우 는 단위를 넓혀가는 방법은 단어와 관련된 정보를 늘려 기억하기 쉽게 하는 효과 외에도 '능동어휘'를 단련한다는 의미도 있습니다. 어떤 단어를 '능동어휘'로 몸에 익혔다면, 다음에는 그 단어를 포 함한 청크를 '능동어휘'로 만들고, 그다음으로는 문장 단위까지 '능동어휘'로 끌어올리는 것입니다. 이로써 체득한 영문을 자유롭 게 아웃풋할 수 있게 됩니다.

단어 단위를 '능동어휘'로 만든 시점에서 만족한다면 청크로 아 웃풋할 수 없는 경우가 많습니다. 영어뿐만이 아니라 모든 언어에 는 칼러케이션(collocation)이라고 부르는, 단어와 단어의 올바른 조합이 있기 때문입니다.

예를 들어 우리는 '모자를 쓰다', '신발을 신다', '옷을 걸치다'라 고 하지, '신발을 걸치다', '옷을 쓰다', '모자를 신다'라고는 말하지 않습니다. 영어에도 이처럼 올바른 칼러케이션이 있고, 그것을 외 우려면 청크 단위로 기억하고 아웃풋하는 연습을 해야 합니다.

13

어디서든 할 수 있는
'뇌내 이미징'

영어공부를 시작한 초기 단계에서는 영단어든 영문법이든 아무튼 모르는 것투성일 것입니다. 영어의 세계에서는 아기나 마찬가지인 '바닥'인 상태에서 영단어나 영문법을 익힐 때 단지 '읽기만 하면'기억에 잘 남지 않습니다. 이 책에서 몇 번이고 추천했듯이 효율적으로 영어실력을 쌓고 '능동어휘'를 늘리려면 소리를 내어 읽거나 실제로 써보는 아웃풋을 함께해야 인풋이 큰 효과가 있습니다. 그렇지만 집 밖에서는 다른 사람들이 신경 쓰이고 집 안에서는 가족들 눈치가 보인다면 '쓰는 것은 그렇다 쳐도 소리를 내는 것은 어려울(혹은 부끄러울)' 수 있습니다.

만원버스 등에서 특히 그런데, 타인에게 둘러싸인 상황에서 영어로 말하면 이상한 사람이 되기 마련입니다. 하지만 글을 보지 않고 영단어 철자나 음을 머릿속으로 떠올리는 '뇌내 이미징'이라면 주위의 시선을 의식하지 않아도 됩니다. '뇌내 이미징'은 훌륭한 아웃풋 훈련입니다.

잘 외워지지 않는 어려운 단어는 철자나 발음을 메모한 것을 주변에 준비해두고 맞는지 아닌지를 확인하면서 꾸준히(최저 수십 번) '뇌내 이미징'을 반복하면 보다 기억하기 쉬울 뿐 아니라, '수동어휘'에 더해 '능동어휘'까지 머릿속 저장고에 담을 수 있습니다.

이 '뇌내 이미징'을 체득하면 걸어가면서도 공부할 수 있습니다. 몸을 움직일 때 뇌도 활성화하기 때문에 걸으면서 '뇌내 이미징'을 반복하면 어려운 단어도 쉽게 머릿속에 들어옵니다. 어려운 단어는 쉽게 아웃풋할 수 없기 때문에 걸으면서 '뇌내 이미징'을 하려고 해도 '……어? 철자가 이게 맞았나? 발음은 이거였나?' 하고 확인하고 싶어지므로, 메모를 가지고 다니는 편이 좋습니다. 자신이 없으면 멈추어 서서 메모를 확인하고 다시 걸어가면서 '뇌내 이미징'을 반복합니다. 이렇게 하면 몇 분 걷는 것만으로도 웬만한 어려운 단어는 외울 수 있습니다.

이렇게 '걸으면서 하는 뇌내 이미징'을 체득하면 이동 시간을 버리지 않을 수 있고 공부 시간은 몇 배로 늘어납니다. 단, 자동차나 오토바이, 자전거 등을 운전할 때는 주의력이 분산될 수 있어 위험하므로 하지 않는 것이 좋습니다(실제로 운전 중에 섀도잉을 하다가 사고를 당한 유명 영어강사가 있으니, 여러분도 주의하시기 바랍니다).

저는 젊을 때부터 이런저런 생각에 빠지는 바람에 잠을 이루지 못할 때가 많았는데, 여러분도 바로 잠들지 못한다면, 자야 하는데 잠이 오지 않는 밤에는 외우고 싶은 단어를 메모해서 머리맡에 두고 '뇌내 이미징'을 해보시기 바랍니다. 그러면 뇌가 그 상황을 벗어나고 싶어 해서 잠도 빨리 들고 단어도 외울 수 있으므로 추천합니다.

'뇌내 이미징'을 효과적으로 사용하면 어떤 단어든 차례차례 외울 수 있습니다. 착실하게 계속하면 어휘력은 하루가 다르게 좋아질 것입니다. 그렇게 아는 영단어나 이해하는 영문법이 많아짐에 따라, 듣기와 읽기로 처리할 수 있는 영문의 양도 조금씩 늘어나겠죠. 성장 사이클이 안정되면 모르는 영단어나 영문법과 맞닥뜨리는 횟수가 줄어들고, 그에 따라 방심하게 되어 공부에 진지하게 임하지 않는 사람이 많습니다. 만약 모르는 영단어나 영문법이 나오는 횟수가 감소했다면, 상급자의 길에 다다랐는데도 학습 수준을 그만큼 올리지 못한 것일 수 있으니 주의하시기 바랍니다.

영어를 공부하는 사람에게만 해당하는 이야기가 아닙니다. 초급자에게는 초급자 수준의, 중급자에게는 중급자 수준의 공부 스타일이 있습니다. 당연히 상급자에게는 상급자에게 맞는 공부가 있으니, 중급자 수준의 공부만 계속한다면 상급자 단계에는 절대 오르지 못합니다.

'모르는 영단어나 영문법이 거의 나오지 않는다'고 느낄 때가 중급자와 상급자의 경계입니다. 실제로 이 단계에서는 아직 모르는 것이 많지만, 상급자에 가까워짐에 따라 확실히 중급자가 접하는 영어에서는 모르는 영단어나 영문법이 거의 없는 경지에 이르게 됩니다.

하지만 모국어가 아닌 이상, 상급자가 되어도 모르는 영어 표현이 완전히 없을 수는 없다는 사실을 늘 명심해야 합니다. 아무리 영어실력이 늘더라도, 반드시 모르는 단어나 표현에 부딪히게 됩니다.

초급자나 중급자에게 영어는 '모르는 표현뿐'인 게 당연합니다. 만약 '늘 하던 대로 공부했는데 모르는 표현이 없었다'는 날이 계속되면, 당신의 공부는 상급자용으로 진화해야 할 때가 왔다는 뜻입니다. 그 단계에 도달했다면 매일 한두 개는 모르는 영어 표현이 나오도록 보다 높은 수준의 영어를 가까이서 찾고, 가능하면 그 표현을 아웃풋하여 체득하도록 의식적으로 노력하시기 바랍니다. 모르는 표현을 맞닥뜨리지 않으면 성장할 수 없으니까요.

모든 단계에 공통적으로 효과가 있는 방법은 모르는 표현을 포함한 문장이 나오면 그것을 하루에 최소한 한두 문장 정도 옮겨 쓰고, 음독하고, 최종적으로는 암송해보는(문장을 보지 않고 소리를 내어 읽어보는) 것입니다. 초급자나 중급자는 '어려워서 그런 건 못하겠어'라고 생각할지도 모릅니다. 하지만 극단적으로 'This is a pen' 수준의 문장이라면 누구나 옮겨 쓰고 음독하고 암송할 수 있습니다. 이런 영어 문장의 단계를 조금씩 올리면서 현재 자신에게 약간 힘겨운 수준의 영문을 매일 암송하는 것이 사실 가장 효과적인 훈련법입니다. 이에 대해서는 뒷부분에서 계속 설명하겠습니다.

14

옮겨 쓰기와
음독을 할 때
주의할 점

어렵게 느껴지는 영문을 매일 한두 문장 옮겨 쓰는 것만으로도 효과는 있지만, 시간이 있을 때는 한 단락 또는 여러 단락을 옮겨 쓰는 훈련이 더 효과가 있습니다.

저는 지금은 스트레스를 전혀 느끼지 않고 소설을 매일 몇 시간씩 영어로 계속 번역할 수 있는 경지에 이르렀습니다만, 당연히 처음부터 그렇게 영문을 자유자재로 쓸 수 있었던 것은 아닙니다. 영어실력이 지금보다 훨씬 미숙했을 때, 영어번역을 위한 연습으로 영어소설을 처음부터 옮겨 써보면서, 영어소설 쓰는 법을 조금씩 알게 되었습니다. 이 방법은 영어소설을 집필하는 연습으로만 유효한 게 아닙니다. 제가 처음 토익에서 900점을 넘은 데는 토익 교재에 나온 영문을 옮겨 쓰면서 급격하게 영어실력이 늘었던 것이 주효했습니다. 이처럼 영문을 옮겨 쓰는 훈련은 매우 효과적으로, 영어를 배우는 이들 사이에서는 '필사'라고 부르기도 합니다(필사처럼 묵묵히 문장을 옮겨 쓰는 행위가 비슷하기 때문입니다).

자신에게 어렵게 느껴지는 영문을 매일 한두 문장만이라도 옮겨 쓰는 훈련도 꽤 효과가 있지만, 좀 더 길게 한두 단락을 옮겨 쓰는 '필사'가 좋은 이유는 쭉 읽었을 때는 이해한 것 같더라도 알고 보면 애매하게 이해한 부분이 있었다는 사실을 알 수 있기 때문입니다.

문장 단위의 옮겨 쓰기 혹은 단락 단위의 '필사'를 할 때 유념할 점은 쓰면서 발견한, 의미가 불분명한 영단어나 이해하지 못한 영문법을 자세히 다시 알아볼 필요가 있다는 것입니다. 언젠가 이 표현을 다시 맞닥뜨리면 그때 외우자고 생각하는 습관이 들면, 몇 번이나 같은 표현이 나와도 계속 미룰 테니 영원히 외울 수 없습니다. 수고롭겠지만 자신의 약점을 발견하면 그때그때 제거해두어야 효과적으로 성장하기 위해 필요한 공부 시간을 크게 단축할 수 있습니다.

이렇게 옮겨 쓴 영문을 음독하면 더욱 효과가 커집니다. 이미 말했듯이 음독할 때 신경 써야 할 점은 옮겨 쓸 때 발견한 자신의 약점을 확실히 알고 해결하여, 사용하는 단어와 문법을 100퍼센트 이해한 뒤에 영문을 음독해야 한다는 것입니다.

견본이 되는 네이티브 음성이 있다면, 거기에 겹쳐서 오버래핑하면 좋은데, 오버래핑을 잘할 수 있게 되면, 감정이 들어가지 않는 '경전 읽기'가 되지 않도록 주의해야 합니다. 스스로 배우라고 생각하고 감정을 넣어 대본을 읽듯이 '배우 음독'을 하면 더욱 큰 효과를 볼 수 있습니다.

PART 4

토익을
현명하게
활용하는 방법

영어실력을
최대한 빨리 올려주는
토익 시험

영어공부를 막 시작한 초급자나 중급자는 토익이라는 허들이 높다고 생각할지도 모릅니다. 시험을 보고 나서 그 어려움에 자신감을 잃어버렸다는 이야기도 듣곤 합니다. 하지만 나름대로 공부를 계속하여 영단어와 영문법을 조금은 알 것 같다는 느낌이 들고, 최대한 빨리 영어실력을 높이고 싶다면, 토익은 다른 어떤 학습법보다 극적인 효과를 가져다줍니다.

우리는 '토익'이라고 부르지만, 정확한 이름은 '토익 L&R 테스트'로, 'L&R'이란 듣기(listening)와 독해(reading)를 가리킵니다.

토익(TOEIC)은 세계 최대의 비영리 개발 기관으로 미국 뉴저지주에 본부가 있는 ETS(Educational Testing Service)가 제공하는 'Test of English for International Communication(국제적 의사소통을 위한 영어능력 테스트)'의 통칭입니다. 한국에서는 1982년 첫 시험이 치러진 이래, 수험자 수가 꾸준히 증가함에 따라 매년 시험 횟수도 증가하여 현재(2019년11월) 390회를 넘어섰습니다. 최근 들어 연간 응시자 수가 약 200만 명이 넘은 한국 최대의 영어 자격시험이며, 해외에서도 180여 국에서 시험을 칠 수 있습니다.

토익 시험에서는 약 두 시간 동안 듣기 100문제와 독해 100문제를 풀고, 답안지에 정답을 마킹해서 제출합니다. 기계로 채점되어 최저 10점, 최고 990점의 범위 안에서 5점 단위로 구분된 점수가 나옵니다. 2006년부터 시작된 토익 S&W 테스트는 이름에서 알 수 있듯 말하기(speaking)와 쓰기(writing) 실력을 측정하는 시험입니다. 마크시트(mark sheet)에 정답을 표시하는 방식이 아니라 시험장에 놓인 컴퓨터로 시험을 보고, 사람마다 결과가 채점되면 최저 0점, 최고 400점의 범위 내에서 10점 단위로 구분된 점수가 나옵니다.

2006년 토익이 '토익 L&R 테스트'로 명칭이 바뀐 것은 '토익 S&W 테스트'가 나오면서 명칭을 맞춘 것인데, 이 둘은 시험의 성격과 실시 규모, 점수의 신뢰성 면에서 함께 칭하기는 무리가 있을 정도로 큰 차이가 있습니다(개인적으로는 S&W 테스트가 발전하려면 대대적인 구조 개편이 필요하다고 생각합니다).

영어공부를 시작하기 전부터 토익의 존재는 알고 있었지만, 제가 그 시험을 보게 될 거라고는 꿈에도 생각하지 않았습니다. 시험을 볼까 처음 고민한 것은 영어공부를 시작하고 3년이 지났을 무렵인 2007년 말입니다. 취미로 영어공부를 3년간 계속하면서 그만큼 자신감이 싹튼 상태였고, 어찌 됐든 스스로 방법을 찾아가며 독학하고 있었기 때문에 제 영어가 어떤 수준인지를 몰랐습니다. 저의 영어실력이 어느 정도인지 궁금하다고 생각했을 무렵 영어잡지에서 특집으로 토익에 대해 다룬 기사를 보았습니다. 그때 시험을 신청해서 2008년 3월에 처음 본 토익 점수는 595점이었습니다. 토익의 기준에 따르면 초급자 졸업 점수는 600점으로, 595점은 절대 높은 점수가 아닙니다. 심지어 3년 동안 매일 필사적으로 영어공부를 계속해서 겨우 받은 점수이니, 2004년에는 제 영어실력이 어느 정도로 바닥이었는지 짐작할 수 있겠죠.

제가 토익에 응시해보자고 결심한 이유는 마크시트에 답을 표시하는 부담 없는 테스트인 데다 10점에서 990점까지의 범위 안에서 5점 단위로 구분된 점수가 나와서 점수의 폭이 넓기 때문입니다. 게다가 토익에는 단계별로 레벨E(215점 이하), 레벨D(220~465점), 레벨C(470~725점), 레벨B(730~855점), 레벨A(860점 이상)라는 영어실력 랭크도 설정되어 있습니다. 영어라는 넓은 세계 속 나의 현재 위치를 알기에 이보다 적합한 테스트는 또 없다고 느꼈고, 그 감각이 옳았다고 지금도 생각합니다.

토익을 처음 봤을 때 '뭐야, 이거? 재미있잖아!' 하고 느꼈던 순간이 지금도 잊히지 않습니다. 평범한 필기시험이었다면 테스트를 보면서 그런 느낌이 들지는 않았을 것입니다. 마크시트를 칠하며 답하는 것은 어떤 의미에서 퀴즈를 푸는 것 같은 감각이 들게 했습니다. 한 번에 10만 명(많게는 20만 명 이상)이 응시하는 시험에서, 점수라는 형태로 그날 국내에서 시험을 본 수험자 가운데 내 위치가 어디인지 알 수 있는 게임 같아서 가슴이 뛰었습니다. 첫 시험 후에 제가 "3년 이내에 만점(990점)을 받겠다"고 주위에 선언한 것도 게임을 즐기며 순위를 올리듯 순수한 마음으로 토익의 세계에서 레벨업을 해보겠다는 생각 때문이었습니다.

그 후 3년 안에 만점을 받지는 못했지만, 3년째가 되던 2010년 연말에 처음 900점을 돌파했습니다. 2012년 이후로는 늘 990점에 가까운 점수를 유지했고, '사회인 영어클럽'을 해산한 2017년 2월까지 다섯 번이나 990점을 받았습니다.

토익 점수가 올라가면서 영어실력도 향상되고, 비즈니스 잡지에 영어공부법을 연재하고, 네이티브와 일하고, 전 세계 온라인 서점에 책을 팔고…… 예전의 저를 돌아보면, 정말 믿을 수 없는 성장을 이루어낸 것입니다. 취미인 영어공부의 연장선에서 '토익을 활용했기' 때문입니다. 저는 그때 그 선택이 옳았다고 단언할 수 있습니다.

02

자신의 영어실력을
측정하지 않고는
성장하기 어렵다

　다양한 방법으로 영어공부에 도전했는데 실력이 늘지 않아 답답하다—실력이 늘었다는 실감이 들지 않는다—고 고민하는 사람들이 매우 여럿이고, 저도 이런 내용의 이야기를 들은 적이 많습니다. 이렇게 어떤 학습법으로 공부해도 실력이 향상되었다는 실감이 나지 이유는 자신의 영어실력을 측정하지 않았기 때문인 경우가 대부분입니다.

　예를 들어, 속도를 경쟁하는 스포츠를 생각해봅시다. **내가 빠른지 아닌지는 시간을 재는 것만으로 확인할 수 있습니다. 시간을 재지**

않고 '어쩐지 빨라진(혹은 느려진) 기분이다'라고 느낌에만 의존하여 훈련하는 운동선수는 없겠죠. 하지만 영어를 공부할 때는 실력을 돌아보지 않고 '어쩐지 실력이 올라간(떨어진) 기분이다'라고 느낌만으로 넘어가는 사람이 정말 많습니다. 실력이 오르지 않는 것은 능력을 측정하지 않기 때문입니다.

마크시트만으로 부담 없이, 거기에 폭넓은 점수 분포로 정확하게 영어실력을 측정할 수 있는 시험으로는 토익이 최고입니다. 그렇기 때문에 토익은 영어 자격시험의 '절대 강자'로 군림할 수 있는 것이겠죠.

시험을 본 적 없는 사람 중에는 마크시트 시험으로 과연 얼마나 정확도가 보장될지, 우연히 점수가 오르거나 떨어지는 건 아닐지, 의문을 가지는 사람도 당연히 있을 것입니다. 하지만 '사회인 영어 클럽' 총 65명을 포함해 영어 관련 이벤트에서 만난 많은 사람의 점수 변화를 수년이나 봐온 경험으로, 저는 '토익 점수에 우연이 끼어들 틈은 없다'고 당당하게 강조하고 싶습니다. 많을 때는 20만 명이 넘는 수험자 중에 정답 개수별로 점수가 정해진다는 점이 토익의 큰 특징입니다. 샘플이 되는 모집단이 크므로 난이도가 보통인 회차에도 특별히 어려운 회차에도, 수험자의 영어실력에 따라 랭크가 반드시 나뉘어 점수가 나옵니다. 대기업이나 대학교, 고등학교 등에서 토익 점수를 평가 기준으로 삼는 것은 그만큼 신뢰성이 높기 때문입니다.

　제 첫 시험 점수가 595점이었다고 앞서 말씀드렸는데, 이는 우연히 나온 점수가 아닙니다. 영어클럽 초기 멤버는 모두 595점을 받았던 적이 있습니다. 초급자가 중급으로 넘어가는 수준에 도달하지 못하면 595점이라는 점수 바로 앞에서 멈추게 됩니다. 상급자의 등용문으로 불리는 900점을 코앞에 두더라도 진짜 실력을 갖추지 않는 단계에서는 895점에서 멈추게 됩니다. 영어클럽에서도 멤버 다수가 이 '900점의 벽' 앞에서 고생했습니다. 토익을 보면서 마주하게 되는 몇 개의 벽에 대해서는《토익® 시험 300점에서 990점까지 '7개의 벽'을 돌파하는 브레이크 없는 영어공부법 (TOEIC®テスト300点から990点へ、「7つの壁」を突破するブレイクスルー英語勉強法)》에서 점수별로 자세히 설명했으니, 구체적인 대책에 흥미가 있으면 이 책을 살펴봐 주시기 바랍니다.

03

비즈니스 영어가 아닌
일상 회화 실력을
시험한다

토익이 얼마나 정밀한지 이해한 다음에도 "하지만 토익은 비즈니스 영어 테스트 아닌가요? 제게 필요한 건 일상생활에서 활용가능한 영어실력입니다. 비즈니스 영어는 필요없어요"라는 말을 몇 번 들었습니다. 이는 베스트셀러를 몇 권이나 낸 유명 저자가 토익을 비즈니스맨을 위한 비즈니스 영어인 양 포장해서 쓴 책이 많이 팔려서 생겨난 오해입니다.

'국제적 의사소통을 위한 영어능력 테스트'라는 토익의 정식 명칭에서 알 수 있듯, 토익은 '비즈니스 영어'가 아닌 '영어'로 국제적 의사소통

능력이 있는지 측정하는 테스트입니다. '국제 비즈니스 영어능력 테스트'라고는 어디에도 적혀 있지 않습니다.

구체적인 예를 들자면, 토익에서는 "시내에서 도로공사를 하고 있습니다. 큰 도로는 우회하시기 바랍니다" 같은 라디오 뉴스나 "주말에 비 예보가 있습니다" 같은 일기예보, 또는 "이번 주말에 어디 가기로 했어?" 같은 일상 회화가 자주 등장합니다. 이런 회화를 비즈니스 영어라고 생각하는 사람은 없겠죠.

물론 직장에서 나누는 대화도 등장하는데, "또 복사기가 고장났어"라든가 "탕비실에 새로운 커피머신이 생겼다며?" 같은 내용을 주고받습니다. 이는 단순히 이야기의 무대가 회사일 뿐, '비즈니스 영어' 장르에는 들어가지 않습니다. 직장이 무대로 나오는 이유는 많은 사회인이 대화를 나누는 장소가 직장이기 때문이고, 물어보는 내용은 언제나 '일상 영어회화'입니다. 즉 토익은 영어로 의사소통하기 위한 종합적 능력을 측정하는 시험입니다.

커뮤니케이션을 하려면 말하기와 쓰기 능력이 필요하니, 앞서 말한 '토익 S&W 테스트'가 떠오릅니다. S&W 테스트는 사람이 채점하고 10점 단위로 구분되며 만점이 400점입니다. 우리가 아는 토익(L&R 테스트)은 비슷한 영어실력이면 거의 같은 점수가 나오는 데 비해, S&W 테스트는 일등 스타 영어강사라도 때에 따라 점수가 50점 정도 높게 나오기도 하고 낮게 나오기도 해서 정밀도 면에서 의문이 남습니다. 하지만 스스로 아웃풋하는 즐거움이 있고 높은 점수를 받으면 자신감도 붙기 때문에 여유가 있는 사람이라면 시험을 보더라도 손해는 아닙니다.

다만, 몇 번이나 말했듯이 말하기와 쓰기의 기본이 되는 것은 듣기와 읽기 실력입니다. 아무리 영어를 아웃풋하고 싶다고 해도 말하기와 쓰기 연습'만' 해서는 절대 좋은 결과가 나오지 않습니다. 많은 이들이 공부를 열심히 했는데도 실력이 늘지 않는다고 고민하는 이유가 여기 있습니다. 말하기와 쓰기 실력을 기르기 위해서라도 일단 듣기와 읽기의 기초를 닦고, 스스로 영어실력이 어느 정도인지를 측정하기 위해서는 토익을 활용하는 것이 가장 좋습니다.

04

당신의 영어공부에는
얼마나 강제력이 있는가

예전에 제가 그랬는데, 설령 영어공부가 습관이 되더라도 실력이 얼마나 좋아졌는지를 모른다면 어느 단계에선가 매너리즘에 빠지고 열심히 하고 싶은 마음이 사라져 좌절로 이어집니다.

토익을 보기로 결심했다면 가족이나 친구, 주위 사람 등에게 시험에 응시할 것이라고 말하고 다니는 편이 좋습니다. 토익 같은 공개적인 시험은 매회 10퍼센트 정도 결시생이 있습니다. 아무에게도 알리지 않고, "일이 바쁘니까" 같은 핑계를 대며 시험을 보러 나가지 않는 사람도 적지 않습니다(참고로 토익은 시험을 보지 못해도 응시료를 돌려주지 않습니다). 수학능력시험이라면 "일이 있어서 못 보겠다"는 응시생은 없을 것입니다. 시험을 치기로 결정했다면 토익이 제1순위가 되어야 합니다.

응시료를 날린다는 걸 알면서도 공부가 부족하니까 시험에서 도망치는 사람의 기분은 잘 압니다. 하지만 반드시 보겠다고 마음을 단단히 잡으면, 공부를 하는 데도 긴장감이 생겨 공부 시간이 충분히 확보되지 않아도 정해진 기간 동안 필사적으로 공부하게 될 것입니다. 토익이 좋은 점은 매달 두 번 시험이 있다는 것으로, 이는 최고 기록을 갱신할 수 있는(영어실력이 좋아졌음을 실감할 수 있는) 기회가 매년 스물네 번 있다는 이야기입니다. 이것도 토익이 다른 영어시험보다 활용하기 쉬운 부분입니다. 매번 시험을 치는 사람들도 드물지 않습니다. 예전에 제가 운영했던 '사회인 영어클럽'에서는 누가 강제하지 않았는데도 멤버들 거의 전원이 자발적으로 매회 시험에 응시했습니다. 1년에 몇 번만 시험을 보더라도 그 시험일에 맞춰 공부에 집중하게 되고 동력이 살아납니다. 만약 1년에 스물네 번 시험을 본다면 1년에 스물네 번이나 내 공부가 더 높은 수준으로 올라갈 수 있다는 말입니다.

주위 사람들에게 "토익을 볼 거야"라고 선언하는 것의 이점으로는 이를 통해 함께 공부하는 친구를 만날 수 있다는 점도 들 수 있습니다. 특히 지금 시대는 사람들이 대부분 트위터나 페이스북,

카카오톡 같은 SNS(소셜 네트워킹 서비스)를 이용하고 있으므로, 영어공부를 하지 않았더라면 몰랐을 친구들을 알게 되는 일도 많습니다. 먼 곳에 살더라도 SNS에서라면 언제든 만날 수 있습니다. '친구와 SNS를 많이 해서 영어공부를 할 시간이 없어지면' 본말전도지만, 똑같이 토익에 푹 빠져 있는 친구가 있으면, 나도 게으름 피우지 말고 열심히 하자는 생각이 들고, 친구의 점수가 오르락내리락하는 걸 보면서 자극을 받아 본인도 최고점을 갱신하려는 의욕이나 공부에 매진하려는 마음이 생기게 마련입니다.

토익을 활용하면 시험일이라는 목표와, 내가 시험 보는 것을 아는 '주위 사람들의 시선'이 공부에 대한 긴장감을 높여주고 공부에 빠지게 해서 좋은 의미의 강제력으로 작용합니다.

05

안티 토익의 비판은
요점을 벗어난 것뿐

이 책에서 이미 '드림킬러를 멀리하라', '영어가 이상하다고 지적받아도 한 귀로 흘려버려라'라는 주제에 대해 이야기했는데, 그것과 비슷한 것이 '안티 토익'이라고 불리는 사람들의 비판에 어떻게 대응할까 하는 것입니다.

토익이 비즈니스 영어시험이라는 지적이 오해라고는 이미 설명했습니다. 그 외에도 토익 시험을 보겠다고 주위에 이야기했을 때 다양한 의견이 돌아오리라고 예상할 수 있습니다.

"토익은 너무 어려워서 안 될걸?" 이런 말은 괜찮은 편입니다. 문제는 "토익은 영어를 정말 잘하는 사람한테는 쉽잖아. 무슨 의미가 있어?", "마크시트로 보는 듣기와 읽기 시험이 영어실력을 제대로 측정할 리가 없지" 같은 비판입니다.

먼저 '정말 잘하는 사람에게는 쉬우니까 의미가 없다'는 비판을 봅시다. 토익이 쉽다고 느낄 영어실력이면, 그 사람은 실제로 시험을 볼 필요가 없을 것입니다. 요즘 사람들은 대부분 토익이 너무 어렵다고 느끼고, 토익은 그런 사람들의 실력을 높이는 데 최적화된 테스트이므로, 영어를 잘하는 사람에게는 의미가 없다는 난폭한 의견이야말로 의미가 없습니다. "중학생에게 초등학교 산수는 너무 쉬우니, 산수 그 자체는 의미가 없다"고 말하는 것과 같습니다. 중학생이 된 사람에게야 이제 의미가 없을지도 모르지만, 지금 막 공부 중인 초등학생에게 산수는 필요하고 중요하다는 사실은 두말할 필요도 없습니다.

또 '마크시트로 보는 듣기와 읽기 시험이 영어실력을 제대로 측정할 리가 없다'는 비판의 패턴으로 자주 듣는 말이 "토익에서 900점이 넘는 점수를 받아도 영어를 유창하게 말하지 못하는 사람이 있다. 그러니 토익 점수는 신용할 수 없다"는 주장입니다. 이는 "건강검진 결과는 나쁜데 실제로는 건강한 사람이 있다. 그러니 건강검진은 믿을 수 없다"는 말과 비슷한, 일부의 사례로 모든 것을 부정하려는 극단적인 의견입니다.

확실히 토익이 900점이어도 영어를 유창하게 말하지 못하는 사람이 있겠지만, 단순히 말하기 경험이 적을 뿐, 900점을 획득한 사람이라면 말하기에 필요한 지식은 분명 가지고 있습니다. 토익 900점은 800점대 후반의 수험자가 매일 몇 시간을 수년간 공부하여 획득한 점수입니다. 확고한 실력이 없는 한 도달할 수 없는 점수이니, 그 점수를 얻은 수험자의 영어실력은 의심할 여지가 없습니다. 그런 사람들의 영어실력까지 신경질적으로 비판하는 사람들이 책의 앞부분에서 주의를 환기했던 '자신보다 영어실력이 모자란 사람에게 틀렸다고 지적하는 영어 엘리트'입니다. 이런 성가신 사람들은 '초등학교 산수의 가치를 비판하는 중학생'과 같은 수준으로, 그런 요점이 빗나간 비판을 진지하게 받아들이면 자신감만 떨어질 뿐입니다. 이런 극단적인 의견을 말하는 사람은 의식적으로 멀리하는 게 좋습니다.

06

문법과
장문 독해 훈련에
특히 효과적이다

토익은 듣기 실력을 단련하는 데도 도움이 되지만, 개인적으로
는 문법 실력과 장문 독해 실력을 쌓는 데 특히 좋다고 생각합니
다. 토익 독해에는 수십 개의 문법 문제가 준비되어 있으며, 시간
내로 시험지를 끝까지 풀기 위해서는 한 문제당 평균 십수 초, 순
간적으로 판단하는 문제는 5초나 10초 만에 해결해야 합니다. 설
령 올바른 지식을 가지고 있더라도, 급하게 문제를 풀다가 실수
하는 것이 인간입니다. 그렇기 때문에 만점을 받기란 어려운데, 문
법 문제에서 실수를 줄이기 위한 훈련이 나중에 말하기나 쓰기 같

은 영어 아웃풋을 할 때 놀랄 정도로 도움이 된다는 사실을 직접 경험해보면 알 수 있습니다. 반복해서 말하는데, 말하기나 쓰기의 기본은 듣기와 읽기로 몸에 익힌 영단어와 영문법 실력이라는 점을 다시 한번 강조하고 싶습니다.

토익이 영문법 강화에 도움이 되는 것은 본 시험이나 대비 문제집 등에서 문법 문제를 접할 기회가 많은 데다, 올바른 문법 지식을 조금씩, 게다가 놓치는 것 없이 익힐 수 있기 때문입니다. 토익에서는 문제지를 가지고 나올 수 없습니다. 그러니 문제집에 실린 문법 문제를 몇 번씩 복습하고, 단순히 이해하는 것만이 아니라 그 문제에 등장하는 모르는 단어나 문법이 없도록 의문점이 있으면 알 때까지 공부하는 것이 중요합니다. 단, 선택지에 제시된 답만이 정답이라고 할 수 있는지, 선택지의 오답은 어째서 틀린 것인지를 스스로 설명할 수 있도록 '셀프 해설'을 철저하게 하는 것이 역시 효과적입니다.

예를 들어 아래와 같은 문제가 나왔다고 해봅시다.

Luis Frois, a Portuguese missionary who came to Japan in the 16th century, is known _____ recording the true history of this country.

(A) as   (B) for   (C) to   (D) of

'Portuguese'는 '포르투갈의', 'missionary'는 '선교사'라는 조금 어려운 단어지만 그 밖의 다른 것은 초급자나 중급자라도 아는 단어일 것입니다. 단어를 잇는 것만으로 '16세기에 일본에 온 포르투갈 선교사 루이스 프로이스는 이 나라의 진짜 역사를 기록했던 것으로 알려져 있다'라는 뜻을 알 수 있습니다. 선택지로 제시된 네 개의 단어는 모두 'is known'의 뒤에서 사용할 수 있으므로, 영단어의 의미만으로 정답을 고를 수 없습니다. 영단어와 영문법을 합친 지식이 필요합니다.

"'is known as'의 뜻은 '~로 알려져 있다'이므로 빈칸의 뒤가 'recorder(기록자)'라면 정답이야. 하지만 여기서는 'recording(~을 기록한 것)'이라는 동명사가 나오니까 (A)는 정답이 아니지. 'is known to'는 뒤에 동사 'record'의 원형이 나온다면 문법적으로 들어갈 수 있지만, '~에 대해 (지금도) 기록을 계속한다고 알려져 있다'라는 의미가 돼서 이 문맥에는 맞지 않아. 'is known of'는 'they know of Luis Frois(그는 루이스 프로이스에 대해 알고 있다)'가 수동태가 된다면 고려해볼 수 있겠군. 하지만 'of' 뒤가 'recording'으로 이어지기 때문에 전치사가 없으므로 오답. '~으로 알려지다'라는 의미가 되는 'is known for'가 정답이야!"

다음 문제를 봅시다.

Considering the social situation in the 16th century, it was

_____ that Sumitada Ohmura became the first Christian

warlord in the Japanese history.

(A) surprised

(B) surprisedly

(C) surprising

(D) surprisingly

여기서 어려운 단어인 'considering'은 '~을 고려하면', 'social situation'은 '사회 상황', 'Christian warlord'는 '기독교인 장군'라는 것을 알면 '16세기 사회 상황을 고려하면, 오무라 스미타다가 일본 최초의 기독교인 장군이 된 것은 (빈칸)이었다'라는 뜻이라고 추측할 수 있습니다. 우리에게도 익숙한 '서프라이즈'라는 단어를 모르는 사람은 없겠지만, 뜻까지는 알더라도 문법 지식이 없으면 정답을 도출해낼 수 없습니다. 이 문제를 '셀프 해설' 하면 다음과 같습니다.

"선택지 (A)는 수동태, 형용사로 사용할 수 있는 과거분사야. (B)는 그 부사형. (C)는 수동태의 반대인 능동태이고, 형용사로도 사용할 수 있는 현재분사. (D)는 그 부사형. 이 문제는 형용사냐 부사냐, 수동태냐 능동태냐를 묻는 것이군. 문장 수식이라면 부사도 쓸 수 있지만, 이 빈칸은 'be' 동사와 'that'으로 좁혀져 있으니, 여기에는 형용사가 들어가야 해. 동사 'surprise'는 명사로도 쓰이고, 명사라면 이 빈칸에 들어갈 수 있어. 동사인 'surprise'는 '~을 놀라게 하다'라는 의미니까, 'I was surprised that'이면 '나는 놀랐다'라는 의미로 빈칸에 들어갈 수 있지만, 이 문장의 주어는 'I'가 아니라 'it'이지. 그러니까 '(그것은) 놀라운 일이다'라는 의미가 되는 'I was surprised that'이 적절하겠다. 정답은 (C)야."

이렇게 정답을 알고 끝나는 것이 아니라, '왜 그 선택지가 정답인지'를 문법적인 관점에서 설명할 수 있는 경지를 목표로 하면, 문법 실력은 계속 향상될 것입니다. 토익의 문법 문제는 분량이 많고 또 다양한 문법 분야가 빠짐없이 출제되므로 문법 문제집을 게임하는 감각으로 풀어나가면 문법에서 자신의 약점을 없앨 수 있습니다.

토익 독해 후반부에 모여서 기다리고 있는 장문 문제는 초급자 입장에서는 "이렇게 많은 양은 절대 시간 내에 못 풀어!"라는 비명이 나올 정도로 지문이 방대합니다. 저도 첫 시험 때는 당연히 마지막까지 풀지 못했고, '이만한 분량을 시간 내에 풀려면 얼마나 영어를 잘해야 하는 걸까……' 하고 정신이 아득했던 기분이 기억납니다.

토익 수험자 사이에는 독해 마지막에 시간이 부족해서 적당히 감으로 마크시트를 칠하는 행위를 '색칠공부'라고 합니다. 상급자가 되기 전에는 "이번 시험에서는 몇 문제나 '색칠공부'를 하려나?" 하는 대화를 주고받는 것이 일상적인 풍경입니다.

개인차가 있습니다만, 많은 이들을 지켜본 감으로 보면 일반적으로 900점에 가까워지면서 '색칠공부'를 졸업하는 경우가 많고, 800점대까지는 보통 '색칠공부' 없이 모든 문제를 풀기 힘듭니다. 600점 이하라면 독해 전체 100문제 중 30문제 이상은 '색칠공부' 하는 사람이 많을 것입니다.

애초에 분량이 너무 많은 것이 아닌가 하는 비판이 나올지도 모르겠지만, 독해는 시간이 무한정 있으면 대부분 풀 수 있으므로 10만 명이 넘는 수험자의 실력을 판단하기 위해서는 아무래도 문제가 많아야 합니다. 그렇다고는 해도 아무도 풀 수 없을 만큼 많은 것은 아니어서, 만점을 받는 정도의 실력이 되면 보통 시간이 남습니다.

저도 만점을 받을 즈음에는 매회 20분에서 30분 정도 시간이 남아, 여유를 가지고 전체 문제를 검토할 수 있었습니다. 그 정도로 영어실력과 독해 속도는 비례합니다.

07

영어 체력을
기를 수 있다

영어공부를 막 시작한 초급자나 아직 영어에 자신이 없는 중급자에게 45분 동안 영어를 들어야 하는 토익 '듣기'나 75분 동안 영어를 읽어나가야 하는 '독해'는 꽤 부담이 되는 것이 사실입니다. 시험 중에 도망치고 싶은 사람도 있을 것이고, 포기하고 자는 사람도 일정 비율로 나타납니다. 시험 후에는 "이렇게 많은 영어를 감당할 수 있을 리가 없어. 그게 가능하면 괴물이지" 같은 의견이 나오기도 합니다.

확실히 영문 한 문장을 듣거나 읽는 것만으로 힘든 단계에서 토익 듣기나 독해는 부담이 되는 것이 당연합니다. 조금씩 익숙해질 수밖에 없습니다. 마라톤에 비유하면 1킬로미터도 달리지 못하면서 갑자기 42.195킬로미터를 달리려는 사람은 없는 것처럼요. 조금씩 달릴 수 있는 거리를 늘려나가야, 비로소 풀코스를 완주할 수 있습니다. 영문을 소화하는 일도 마찬가지입니다.

그 방법은 지금까지 이야기한 것과 같은 맥락인데, 이미 이해하고 있는 영문을 듣거나 읽는 시간을 조금씩 늘리는 것입니다. 이해할 수 없는 영문을 '다청다독'해봐도 영어실력이 아니라 스트레스만 쌓일 뿐입니다. 하지만 이미 100퍼센트 이해하는 영문을 계속해서 듣고 몇 번이고 읽으면 그 영문을 소화하는 스트레스는 점점 줄어들어, 스트레스 없이 소화해낼(읽어낼) 수 있는 영문의 양이 조금씩 늘어날 것입니다.

이번에는 역도를 예로 들자면, 30킬로그램 역기를 아슬아슬하게 들어 올릴 수 있는 사람이 조금씩 무게를 늘려가는 것과 같습니다. 30킬로그램을 들어 올리기도 힘든 사람이 갑자기 100킬로그램을 들어 올리는 것은 무모한 일이고 근육이 손상될 위험까지 있습니다. 영문을 처리하는 것도 이처럼 '소화할 수 있는 양을 조금씩 늘리는 것'이 철칙입니다.

점수로 말하자면 800점대에 들어갔을 때부터 토익 시험의 영문 분량에 그다지 스트레스받지 않는 사람이 많습니다. 900점대가 되면 영문 독해에 스트레스를 느끼는 일은 거의 없고, 문제를 풀면서 휴식을 취할 정도의 경지가 됩니다(그렇지 않으면 900점을 얻을 수 없습니다). 영문을 읽어내면서 받는 스트레스와 토익 점수는 반비례하므로, 우직하게 점수 올리는 것을 목표로 하면 영문을 읽을 때도 스트레스를 받지 않게 될 것입니다.

영문 독해에서 받는 스트레스는 평소 학습량(평균 공부 시간)과도 관계가 있습니다. 예를 들어 영어실력이 좋아졌더라도 시험 때 이외에는 하루 몇 분만 영어를 접한다면 본 시험 때 당연히 지치겠죠. 영문을 읽어내는 능력이 올라가면 장시간 영어를 접해도 힘들지 않게 되므로, 평소에 영어에 접하는 시간을 조금씩 늘려서 본 시험을 길게 느끼지 않도록, 영어에 대한 체력을 키우는 것이 이상적입니다.

영어를 접하는 시간이란, 공부하는 시간뿐 아니라, 외국 드라마나 영화, 음악 등 취미로 영어를 접하는 시간도 포함됩니다. 이처럼 오락거리까지 포함하여 아무튼 영어를 접하는 시간을 늘리는 것이 '영어 체력'을 키우는 유일한 방법입니다.

예를 들어 영화 보기나 영어책 읽기 등은 놀이지만, 초급자는 장시간 영어를 접하면 영어 체력이 소모될 것입니다. 중급자나 상급자로 성장함에 따라 영어에서 받는 스트레스는 줄어들고, 오히려 영어를 접할 때 쾌감을 느끼거나, 나아가 '영어를 접하지 않으면 기분이 나빠지는' 상태가 됩니다. 영어를 계속 접해도 그다지 힘들지 않게 되는 것입니다. 반대로 말하면 영어를 접할 때 지치는 사람은 상급자가 아니라는 말이겠죠.

08

생각을 바꾸면 토익은
디즈니랜드

영어를 못한다는 생각이 있는 사람에게 토익은 어렵고 힘들다는 이미지가 강할 것입니다. 하지만 최근에는 토익의 독자적인 세계관을 놀이로 즐기는 분위기도 있습니다. 토익계의 거장인 히로마에다 선생과 함께 출간한 《이상한 나라의 굽타: 비행기는 오늘도 연착한다(不思議の国のグプタ: 飛行機は、今日も遅れる)》라는 세계 최초의 토익 소설은 신문이나 잡지 등에서 여러 번 크게 소개되어 주목을 받았습니다. (* 한국에는 《토익의 26가지 비밀: ETS가 알려주지 않는》이라는 제목으로 출간되었습니다.)

토익 세계에서는 어째서 비행기는 오늘도 연착인가? 어째서 커피 자판기는 늘 망가져 있는가? 그리고 왜 도서관은 항상 문을 닫는가? 왜 술과 담배는 존재하지 않는가? 등등 이 시험의 독자적인 세계를 무대로 인도인 주인공 굽타가 수수께끼를 풀어나간다는 내용의 소설입니다. 작중에 등장하는 토익 관련 지식을 두고 히로 선생이 일종의 '수수께끼'처럼 해설을 달았습니다.

굽타라는 주인공의 이름 자체가 이 특별한 세계관의 상징입니다. 토익에 나오는 인도 도시는 늘 뭄바이고, 인도인은 굽타와 신만 등장합니다.

《이상한 나라의 굽타》를 출간한 후 "시험에 굽타가 나와서 웃느라 시험에 집중을 못 했어요", "시험에 비행기가 또 연착한다는 내용이 나와서 웃음이 터지는 바람에 주변 사람에게 눈총을 받았습니다" 같은 반응을 독자들에게 많이 들었습니다. 토익이 너무 좋아서 현실 세계에서 자신이 타야 할 비행기가 연착해도 즐겁다는 사람마저 있을 정도입니다.

다른 영어시험은 이렇게 즐기기가 쉽지 않겠지만, 토익에서는 이처럼 독자적인 세계관을 즐길 수 있습니다. 인상적인 글이 있는데, 제 소설의 애독자인 분이 자신의 블로그에 "《이상한 나라의 굽타》를 여러 번 읽었더니 어째서인지 토익을 보고 싶은 마음이 들었다. 그럴 필요는 없는데, 한번 시험을 봤더니 굽타가 나와서 행복했다"고 적은 것입니다. 이는 특별한 사례가 아니며 그렇게 말하는 사람들이 많다는 것이야말로, 작년까지 주요 신문에 '**토익을 즐기는 법**'에 대한 특집 기사가 실린 이유입니다. 이렇게 즐기는 것은 일부 사람들만의 비법이 아니라 명실상부한 토익 대비책이 되었습니다.

영어공부라고 하면 '어렵겠다', '힘들겠다'는 인상이 있어도 이상하지는 않지만, 이처럼 '세계관을 즐긴다'는 독특한 접근법도 있다는 점에서 토익은 특별합니다. 계속 즐길 수 있고, 계속할수록 실력은 좋아지기 때문입니다.

경험이 없는 사람은 반신반의할지 모르지만, 거짓말 같다면《이상한 나라의 굽타》를 읽고 토익을 경험해보시기 바랍니다. "정말 복사기가 고장 났어!"라고 그다음 블로그에 글을 올리는 사람이 당신이 될지도 모릅니다. 즐기는 법만 안다면 토익 시험은 디즈니랜드에서 맛보는 것 같은 최고의 즐거움을 줄 수도 있습니다.

09

토익 시험,
매회가 축제

토익을 즐기는 법을 알았다면 시험을 보는 것도 고행은 아닙니다. 또 많을 때는 한 회에 20만 명이 넘는 사람이 응시하는 시험이 1년에 스물네 번 열린다는 것도 토익의 큰 특징입니다. 이 규모와 실시 횟수에 대적할 수 있는 시험은 없습니다.

토익은 문제지를 가지고 나올 수 없는데, 이 점 또한 시험의 신비성을 높입니다. 시험 문제나 해답을 인터넷 등에서 불특정 다수에게 유포하는 것은 금지되어 있고, 이를 위반하면 이후 시험 자격을 박탈당합니다. 하지만 기출 문제를 그대로 공개하지 않는 범위에서 궁금했던 점을 묻는 질문이나 그에 대한 대답은 시험 당일 인터넷에 넘쳐납니다. 많은 사람이 그날 시험 본 감상이나 앞으로의 공부 방법을 묻는 상담 등의 글을 올려, 토익 시험 당일은 매회 인터넷에서 '축제'가 벌어집니다.

축구 팬들이 월드컵이라는 축제에 열을 올리듯, 토익 응시생들은 매달 있는 공개 시험이라는 축제에 열을 올립니다. 만약 문제지를 가져올 수 있다면 의문점을 스스로 해결할 수 있겠지만, 문제 자체도 정확하게 기억하지 못하는 응시생이 태반이다 보니 인터넷에 시험 관련 질문과 그 대답이 넘치는 것입니다. '문제지를 가져가지 못한다'는 토익의 구조가 가장 큰 이유겠죠.

10여 년 전만 해도 혼자 토익을 준비하는 사람이 많았겠지만, 요즘에는 주위에 응시생이 없어도 SNS를 들여다보면 얼마든지 다른 응시생을 만날 수 있습니다. 모두와 이어져 있는 시대이므로 사는 지역도 환경도 전혀 다른 사람들이 토익을 통해 친구가 되는 경우도 많습니다. 제가 운영했던 '사회인 영어클럽'도 원래 접점이라곤 없는 사람들의 집단이라 나이도 직업도 제각각이었는데, 토익이라는 공통점만으로 한데 모인 것입니다.

설령 사는 지역이나 환경이 다르더라도 같은 시험을 향해 노력하는 사람 사이에는 동료의식이 싹틉니다. 특히 같은 점수대에서 악전고투하는 사람들과 정보를 교환하면 얻는 것도 많습니다.

10

당신만의
'사회인 영어클럽'을
만들어라

토익을 한 번 보고 끝내는 것이 아니라 계속 시험을 보기로 정했다면 주위 사람들 또는 SNS에서 알게 된 친구들과 당신만의 '사회인 영어클럽'을 만들어도 효과적입니다. 물론 그 이름은 각각 다르겠지만 말이죠.

제가 2009년 3월에 '사회인 영어클럽'을 만든 것은 '같은 시험을 보는 사람들과 유대가 있다면 더 열심히 할 것 같다'는 생각이 들었기 때문입니다. 작가 동료나 친구 편집자에게 권유하여 '사회인 영어클럽'을 만들고 그것을 주위 사람들에게 알렸더니 "안 그래도 다시 영어공부 시작할 계기를 찾고 있었어요. 저도 같이할 수 있으면 좋겠습니다"라고 하나둘 참여를 원하는 사람이 나타났습니다. 영어클럽의 공부 모임을 일반에 공개한 후에는 전국의 사람들이 참가했고, 저 혼자서는 운영할 수 없을 만큼 커다란 움직임으로 성장했습니다. 이 책 〈들어가며〉에서 말했던 대로입니다.

실제 필자가 '사회인 영어클럽'을 운영했던 8년 동안 무엇보다 즐거웠던 건 토익을 본 후에 영어클럽 멤버들과 함께하는 뒤풀이였습니다. 그 과정에서 멀리 떨어진 지방에 사는 친구도 늘었고, 그 사람들과도 시험이 끝난 후 메일이나 스카이프로 서로 격려하며, 시험을 거듭하며 인연이 두터워졌습니다. 반년에 한 번은 '사회인 영어클럽'의 전 멤버가 도쿄에 모였으며, 일반 참가자도 많이 모이는 영어클럽 공부회 또한 그야말로 매번 축제 같았습니다.

물론 개중에는 '나는 한 마리 고독한 늑대 같은 타입이라 친구는 필요없다'고 생각하는 사람도 있겠지만, 혼자 시험을 보면 언제든 도망칠 수 있습니다. 누구든 친구와 함께 시험을 본다면 도망칠 수도 없고, 시험 후에 서로 노력을 격려하는 즐거움에 눈뜨면 그 즐거움을 위해서라도 다시 한번 힘을 낼 수 있습니다.

저는 작가라는 직업 특성상 평소에는 저녁형 인간인데, 토익은 대부분 제가 숙면 중인 시간에 치기 때문에 매번 잠을 자지 않고 밤을 새운 다음 시험을 봤습니다. 시험이 끝난 후에도 잠을 안 잔 상태로 동료들과 밤늦게까지 이야기를 하는 것이 체력적으로 부담이었고 매달 그렇게 하는 것이 힘들었지만, 당시에는 그 피로도 날려버릴 만큼 즐거웠습니다.

11

토익 900점은
수라의 길

　토익을 활용한 학습에서는 900점(또는 그 이하의 점수)을 최종 목
표로 잡는 사람이 대다수일 것입니다. 모든 응시생의 3퍼센트만이
얻을 수 있는 900점은 '꿈의 점수'로 불리며, 상급자인지 아닌지
를 나누는 기준이 됩니다. 영어강사 중에는 "900점을 얻으면 토익
은 졸업하라"고 이야기하는 사람도 적지 않습니다.

　900점으로 졸업할지 말지는 개인의 자유고, 그 점수가 나온 다
음 어떻게 할지 판단하면 되지만, 한 가지 확실한 것은 '900점은
훌륭한 점수지만 영어실력의 완성이라고 할 정도는 아니'라는 점입니다.

저는 '900점의 벽'에 도전한 응시생들을 많이 지켜봤습니다. 쉽게 900점에 도달하는 사람은 극히 드물고, 대부분 900점은 악전고투한 끝에 겨우 얻을 수 있는 점수입니다. '900점의 벽'을 넘지 못하고 몇 년이나 고생한 영어클럽 멤버에게 무료로 개인 지도를 했던 적도 여러 번 있어서 알게 되었는데, 900점을 눈앞에 두었더라도 필수 영단어나 기초 영문법이 놀랄 정도로 많이 부족한 사람도 있습니다. 자신이 그렇다는 것은 본인들이 가장 잘 알고 있습니다. 그래서인지 900점을 얻은 사람들은 거의 예외 없이 "아직은 불완전한 수준"이라고 스스로 인정합니다.

그러면 900점을 받은 이후에도 쭉 만점을 목표로 노력하면 되는 거냐고 묻는다면 그 대답은 간단하지 않습니다. 900점대에서 조금씩 점수를 올리는 힘겨움은 그 이전과 비교할 수 없기 때문입니다. 개인적인 느낌으로 900점까지는 열 시간 공부해서 1점을 올릴 수 있다고 하면, 900점 이후에는 백 시간 공부해야 1점을 올릴 수 있을까 말까 하는 수준입니다. 다른 책에도 썼는데, 언젠가 제가 "토익 900점대는 '수라의 길'입니다"라고 말했을 때 놀랄 만큼 주위 사람들에게 공감을 얻었고, 한동안 이 말이 회자된 적도 있습니다.

이 말이 떠오른 것은 전설의 만화 《북두의 권(北斗の拳)》에서 제가 트라우마가 될 정도로 충격을 받았던 한 장면 때문입니다. 주인공 켄시로와 사투를 계속하는 파르코라는 캐릭터가 그 후 '수

라국'이라는 곳에 가는데, 켄시로의 가장 큰 적이었던 파르코가 수라국의 총독 쟈코에게 살해당합니다. "파르코를 죽인 것이 네놈인가"라고 묻는 켄시로에게 쟈코가 대답합니다. "나는 아직 이름을 밝히는 것도 허락되지 않는, 최약체 '이름 없는 수라' 중 한 명에 불과하다"라고요.

최강의 적이라고 믿었던 남자가 가장 격이 낮은 쟈코에게 죽임을 당할 정도로 잔혹한 세계, 그곳이 '수라국'입니다. 토익 900점대에서 받은 인상과 가장 가까운 것이 이 에피소드입니다. 영어가 서툰 사람들이 보면 신처럼 보이는 토익 900점 달성자도 900점대라는 '수라국'에서는 가장 말석이며, 당당히 이름을 말하기조차 꺼리는 '이름 없는 수라' 중 한 명에 불과한 것입니다.

저도 처음 900점을 받았을 때 눈물이 멈추지 않을 정도로 감격해서 '이건 꿈일지도 몰라. 앞으로 두 번 다시 900점을 못 받을지도 몰라'라고까지 생각했습니다. 나중에 만점을 몇 번이나 받고 난 무렵에는 '잠도 제대로 못 잔 채 시험 보고 아무리 컨디션이 안 좋아도 975점은 받을 수 있겠다'는 수준까지 이르렀습니다. 《북두의 권》을 예로 설명하자면, 990점(만점) 보유자는 '수라국'의 정점에 선 무적의 장수 같은 존재입니다.

990점(만점)은
그야말로 극한의 세계

토익 최고점인 990점을 얻으려면 절대적인 영어실력이 필요하다는 사실은 말할 필요도 없습니다. 하지만 990점은 영어실력만으로는 달성할 수 없습니다. 대표적인 토익 강사 중 한 명은 "토익 만점은 운입니다"라고, 시험의 핵심을 찌르는 명언을 남겼습니다. 저도 완전히 동의합니다.

어째서 운이 연관 있는가 하면, 만점을 수십 번 받은 카리스마 강사조차 시험장의 환경(책상이나 의자, 분위기 등)이 나쁘거나, 옆에 부산스러운 사람이 앉거나, 기침이나 재채기를 계속하는 사람이 있다면 만점을 놓칠 수 있기 때문입니다(상황에 따라 시험 도중에 자리를 바꾸는 경우도 있습니다). 이는 영어실력과 전혀 관계없는, 순수한 운의 영역입니다. 수십 번 만점을 받은 강사가 시험장에 '학문의 신' 부적을 가지고 가기도 합니다. 만약 실력으로 만점을 받을 수 있다면 부적 같은 건 필요 없겠죠. 수십 번 만점을 받은 강사까지 부적에 의존하는 것이 토익 만점의 세계입니다.

토익 만점을 목표로 하면서 언제부터인가 저는 피겨스케이팅에 감정을 이입하게 되었습니다. 저에게는 피겨스케이팅에서 높은 점수를 내는 것이 토익 만점을 향한 도전에 가장 비슷하다고 느껴집니다.

최고의 피겨스케이팅 선수인 김연아 선수의 실력을 의심하는 사람은 없습니다. 하지만 절대 강자인 김연아 선수조차 실수를 하고 마는 것이 피겨스케이팅의 세계로, 토익 만점에 도전하는 것도 그와 같다고 할 수 있습니다.

토익의 청해 파트는 45분. 영어가 흘러나오고 정답을 적어나갑니다. 45분 내내 집중을 유지하는 것은 어려운 일입니다. '오늘 저녁 뭐 먹을까' 등 한순간 잡념이 끼어드는 것만으로 깜짝할 사이에 두세 문제나 실수해버립니다. 또 독해 파트의 문법 섹션에서는 한 문제를 5초나 10초 만에 판단하면서 몇십 문제를 쉬지 않고 풀어나가면서도 실수가 없어야 합니다. 이는 이미 인간의 영역이 아니라 로봇에 가까운 정교함이 요구되는 세계일지도 모릅니다.

토익 비법을 가르치는 강사 중에는 몇 번이나 만점에 도전했다가 실패하고, 결국에는 "토익 만점을 노리는 건 바보"라고 극단적인 의견을 피력하는 사람도 있었습니다. 실제 만점을 받는 사람이 여럿 있는데 "만점을 노리는 건 바보"라니 이상한 발언이라고 생각합니다만, 그렇게 말하고 싶을 정도의 난이도라는 것만은 분명합니다.

저는 '토익 만점'을 인생 최대의 목표로 삼았고 이를 처음 달성했던 때가 과거 인생에서 최고의 순간이었습니다. 그랬던지라 만점을 목표로 하는 사람은 무조건 응원하고 그들이 꼭 그 목표를 달성하기를 바랍니다. 그와 동시에 토익 만점은 토익에 인생을 걸 정도의 각오가 아닌 한 얻을 수 없는 점수라는 것도 잘 알고 있으므로, 도중에 좌절하더라도 부끄러운 일이 아니라는 메시지를 동시에 전하고 싶습니다. 설령 달성하지 못한다고 해도 토익 만점을 목표로 그것을 좇는다면 그 경험이 훗날 인생에 반드시 플러스로 작용할 것이라고 확신하기 때문입니다.

토익으로
측정할 수 있는
영어실력의 상한

990점이 토익에서 궁극의 영역인 것은 사실이지만, 만점을 받았다 하더라도 다 같은 만점은 아니며, 그 안에는 무수한 레벨 차이가 있습니다. 일개 학생이라면 900점을 받는 것으로 충분할지 모르지만, 영어강사 등 그야말로 프로의 세계에는 토익에서 측정할 수 없을 정도로 높은 레벨의 영역도 있습니다. 그 정도 레벨을 측정할 필요가 있는 사람은 캠브리지 영어 검정시험 같은 더 높은 수준의 국제적인 영어 자격시험도 있으니, 높은 레벨에 도달한 사람은 더 수준 높은 시험을 칠지 말지 고민해보는 게 좋겠죠.

영어를 잘하게 되면 할 수 있는 것이 믿을 수 없을 만큼 늘어납니다. 당신이 영어를 사용해 하고 싶은 일을 발견한다면 그것에 특화한 방향을 목표로 삼으면 됩니다. 토익 900점을 넘겨 토익강사가 되고 싶다거나, 토익 공부와 관련한 책을 쓰고 싶다거나하는 동기가 생길 것입니다. 실제로 제가 운영했던 영어클럽의 멤버 가운데 몇몇은 저자로 데뷔했고, 저도 토익 비법에 관련된 서적을 몇 권이나 출간했습니다. 다만, 뛰어난 토익 강사나 토익 책 저자는 많으니 제가 공헌할 수 있는 부분은 다른 형태가 아닐까 하는 생각이 컸습니다. '사회인 영어클럽' 활동에 마침표를 찍은 것도 이런 생각과 무관하지 않습니다.

제가 가장 사명감을 가진 것은 2012년부터 제가 운영한 'The BBB'라는 플랫폼(https://thebbb.net/jp/)에서 작업 중인 **'일본 소설을 영어로 번역하여 전 세계에 소개하는 일'**입니다. 이에 대해서는 제(저희)가 가장 앞서 활동하고 있다는 자부심이 있고, 지금 경쟁 상대도 없으므로 더욱 일본 소설을 영어로 번역하고 이끌어나가야한다는 생각이 큽니다. 저는 이러한 꿈을 좇는 도중이므로 당신도 **영어라는 '무기'**를 손에 쥐고 새로운 인생의 가능성을 열어가시길기대합니다.

영어라는 무기를 얻으면 인생은 넓은 세계를 향해 열리고, 이전에 상상도 할 수 없는 무수한 가능성을 손에 쥘 수 있게 됩니다.

PART 5

영원히
성장할 수 있는
높이로

01
...

'영어를 사용하여 무엇을 하고 싶은가'가 길을 바꾼다

토익 강사가 되거나 토익 관련 책을 쓰는 걸 목표로 하는 사람은 토익을 끝까지 탐구하는 것이 가치 있는 인생의 방향일 것입니다. 통역가나 번역가 등 다른 분야에서 '영어의 프로'를 목표로 한다면 토익이 다루지 않는 영역에서도 자신의 영어실력을 갈고닦을 필요가 있습니다. 토익은 영어실력의 기초를 다지고 상급자가 되기까지 실력을 기르는 데 정말 효과적이고, 저도 지금까지 고맙게 생각하고 있습니다. 하지만 제가 지금 몰두하고 있는 '일본 소설을 영어로 번역하는 활동'에 필요한 지식과 기술은 당연하게도 토익을 보는 것만으로는 얻을 수 없습니다. 왜냐하면 소설에 나오는 어휘의 상당수는 토익에 한 번도 나오지 않는 것들이고, 토익에서 출제되는 문장과 소설의 문체 또한 근본적으로 다르기 때문입니다.

저의 목적인 '일본 소설을 영어로 번역하는 활동'을 위해서는, 당연한 말이지만, 영어로 소설 쓰는 법을 배워야 합니다. 이 일과 관련해서는 저보다 더 일본 소설을 영어로 잘 번역해내는 이가 아마 없을 터이므로 참고할 만한 책 같은 것도 없습니다. 제가 직접 맨땅에서 개발해야 했습니다. 거창해 보이지만 그 방법이라고는 모국어로 소설을 쓸 때와 마찬가지로 영어소설을 읽고, 직접 써보고, 거기서 좀 더 잘 쓸 수 있을 것 같은 부분은 고치고…… 하는 루틴을 그저 반복하는 것뿐입니다.

저는 원래 소설 쓰는 일을 20년 이상 계속해왔으므로 '일본 소설을 영어로 번역하는 활동'이 제 성격에 맞다고 느꼈습니다만, 문장을 영어로 번역하는 것보다 통역하는 게 더 적성에 맞는 사람도 있을 것입니다. 사람마다 각자 자신의 전문 분야와 관련한 영어 활용법을 발견할 수 있겠죠. 예를 들어 물건을 파는 사람이라면 인터넷에 영어 웹사이트를 만들어 해외와 거래할 수도 있습니다. 이런 방법으로 수익이 몇 배나 늘어났다는 성공 사례를 최근 자주 듣습니다.

02

인터넷과 영어로
가능성은
무한대가 된다

제가 처음 인터넷과 영어가 만났을 때의 엄청난 확산력에 놀랐던 것은 2009년 5월 캐나다인 만화가와 함께 4컷 만화를 무료로 읽는 'bbb circle(비비비 서클)'이라는 웹사이트를 시작했을 때입니다. 스태프는 모두 네이티브로, 일본어를 못했기 때문에 텍스트는 전부 영어였습니다. 무료로 읽을 수 있는 만화를 인터넷에 공개했더니 세계 각지에서 접속해왔고, 다양한 나라에서 팬레터가 도착했습니다. '인터넷에 영어로 작품을 발표하면 정말 전 세계에서 보는구나' 하고 실감한 것은 그때까지 경험하지 못했던 감동이었습니다. 바로 어제 일처럼 생생합니다.

그 후 3년의 준비 기간을 거쳐 2012년 12월부터 시작한 'The BBB'라는 웹사이트에서는 일본인 작가의 소설이나 경제경영서를 영어로 번역하여 전 세계로 내보내고 있습니다. 'The BBB' 웹사이트는 2019년 3월 현재 세계 184개국에서 접속합니다. 가장 인기 있는 모리 히로시(森博嗣)의 작품 《스카이 크롤러(The Sky Crawlers)》는 지금까지 일본, 미국, 러시아, 영국, 한국, 브라질, 프랑스, 독일, 캐나다, 이탈리아, 태국, 호주, 싱가포르, 멕시코, 스페인, 아르헨티나, 노르웨이, 아이슬란드, 체코, 네덜란드, 오스트리아, 에스토니아, 벨라루스, 칠레 등 25개국에서 다운로드되었습니다. 지금도 확산되고 있으니 앞으로는 더 많은 나라에서 다운로드될 것입니다.

'The BBB' 프로젝트를 시작하기 전에는 '그림만으로도 이해할 수 있는 만화와 달리 정리된 분량의 텍스트를 읽어야 하는 영어소설은 영어가 공용어인 나라에서만 읽히지 않을까' 예상했지만, 실제로는 영어가 공용어가 아닌 나라에서도 큰 반향이 있었습니다. **'영어는 그야말로 세계 공용어구나'** 하고 실감했습니다.

'The BBB'의 콘텐츠는 미국, 영국, 캐나다 등 영어가 공용어인 나라에서도 당연히 다운로드되었지만, 유럽이나 러시아, 아시아 등에서의 반응도 컸습니다. 이는 이 책의 앞부분에서 썼듯이 '영어를 말하는 사람은 대부분 네이티브가 아니'라는 사실과 관계가 있을 것입니다. 영어를 쓰는 나라의 네이티브가 보면 '네이티브가 아닌 사람이 소설을 영어로 번역할 수 있을까?'라고 생각할지도 모릅니다. 사실 '이런 영어번역은 별거 아니'라며 무시받은 적도 있지만 이는 '드림킬러' 이야기와 같은 상황입니다. 제가 모국어로 활동하더라도 무엇을 하든지 무시하는 사람은 있습니다. 비율로 따지면 '번역물의 정확한 영문에 감동했다'는 의견이 더 많습니다. 논네이티브인 이상 네이티브의 감각을 100퍼센트 재현하는 것은 불가능하겠지만, 세계를 향해 글을 쓰면 영어가 공용어가 아닌 나라의 사람들에게도 전달됩니다.

나중에 영어로 옮길 것을 전제로 제가 2010년에 일본에서 출간한 《킹 인 더 미러(キング・イン・ザ・ミラー)》라는 마이클 잭슨의 인생을 그린 논픽션 소설은 발표 당시에 국내 독자들에게 "네이티브가 아닌 사람이 마이클의 인생을 써봤자 의미가 없다"는 아쉬운 의견만 들었습니다. 하지만 'The BBB'에 맨 처음으로 소개한 영어판 《King In the Mirror》는 발표하고 6년 이상이 지난 지금도 매일 세계 여러 나라에서 다운로드되고 있으며, 해외의 온라인 서점에서도 좋은 평가가 많이 달리고 절찬과 함께 환영받고 있습니다(온라인 서점 구글 플레이에서는 2019년 3월 현재, 140건 이상의 리뷰가 달렸는데, 거의 만점입니다. 해외의 아마존 킨들이나 애플 아이튠즈 같은 온라인 서

점에서도 수십 건의 리뷰가 달렸고, 거의 만점 평가를 받았습니다). 마이클 잭슨이라는 인기인을 그렸기 때문에 평이 좋은 것은 아닙니다. 마이클 잭슨 팬들의 눈은 엄격하고 네이티브가 쓴 마이클 잭슨 책도 혹평을 받은 것이 많습니다. 즉 '누가 썼느냐'가 아니라 순수하게 그 내용으로 평가받은 것입니다. 해외 온라인 서점의 리뷰를 보면 알겠지만, 내용이나 번역을 언급하면서도 좋은 평가를 받고 있으므로 '콘텐츠를 제대로 만들어 영어로 인터넷에 올리면 국적과 관계없이 세계에서 인정받을 수 있다'는 사실을 확신하게 되었다는 의미에서도 커다란 자신감을 얻은 경험입니다. '동양인이 영어로 글을 올리는 것은 무리'라고 생각하는 것은 동양인뿐이고, 서양인은 어느 나라 사람이 올린 것인지 별로 관심이 없습니다.

03

영어는 '할 줄 아는 게 당연'한 시대로

어떤 일을 하는 사람이든, 이미 은퇴하여 유유자적한 노후생활을 만끽하는 사람이라도 영어를 해서 손해 볼 일은 무엇 하나 없습니다. 영어를 할 수 있으면 어느 분야든 인터넷에서 얻을 수 있는 정보가 수십 배가 되고, 메시지를 전할 수 있는 사람도 추정이 불가능할 정도로 늘어납니다. 이는 인생의 가능성을 무한대로 확장할 수 있다는 의미입니다.

해외여행을 가서 만난 현지 사람이나 우리나라를 방문한 외국인과 좋은 교류를 나누었을 때의 감동은 같은 나라 사람만 사귀는 인생에서는 절대 얻을 수 없습니다. 영어를 할 수 있는 것만으로 풍요로운 빛이 늘어날 것입니다.

아이들이 있는 가정에서는 영어교육에 열심인 경우가 매우 많습니다. '글로벌 시대에 영어가 필요하다'는 것을 다들 알고 있기 때문입니다. 그 생각은 틀리지 않습니다만, 아이에게만 공부를 시키고 부모는 공부하지 않는 것보다 부모가 솔선하여 공부하는 뒷모습을 보여주는 쪽이 아이의 학습 열의를 더 키우지 않을까요? 아이가 무엇이든 스펀지처럼 흡수한다면, 어른에게는 인생 경험에서 얻은 수많은 지혜가 있습니다. 오십이 넘은 어른이 아이와 동시에 영어공부를 시작한다면, 어른이 압도적으로 잘하는 게 어려운 일이 아닙니다. 무엇보다 아이는 배워야 할 것이 영어 말고도 이것저것 있지만, 어른은 다양한 것을 이미 배워왔기 때문에 영어에 집중하면 그만큼 능률이 오르겠지요.

확실하게 다가올 미래로 가까운 시일 안에 영어를 '할 줄 아는 것이 당연한' 시대가 될 것입니다. 이미 그런 시대가 시작되었다고 말할 수 있을 정도입니다. 영어를 할 수 있는 것만으로 격차가 벌어지는 시대에 영어를 못한다면 그 차이는 더 벌어질 뿐입니다. '영어 플러스 알파'의 능력이 필요할 때, 알파는 중국어 등 제2외국어가 되는 경우가 많을 것입니다. 그럴 때 영어공부로 좋은 결과를 얻었다면, 영어를 공부했던 방법을 사용하여 제2외국어도 그리 어렵지 않게 마스터할 수 있습니다. 편집자 친구가 만든 중국어나 프랑스어 공부법에 관한 책을 받아서 읽은 적이 있는데, 그 책에 적힌 공부법은 영어의 그것과 완전히 같았고, 무엇 하나 다른 점이 없다고 해도 과언이 아닐 정도였습니다. 어떤 언어를 공부하더라도 언어에 따른 학습법에 차이가 생기지는 않습니다(영어의 알파벳과 달리 다른 언어를 배울 때는 그것을 외워야 하는 노력 등이 당연히 필요합니다만).

영어공부에서 성공했을 때의 최대 이점은 '올바른 학습법을 배우는 것'으로 이걸 얻기만 한다면 다른 외국어나 다른 전문적인 능력을 익혀야 할 때도 재미있게 성과를 낼 수 있습니다.

04

영어공부법은
다른 외국어에도
적용할 수 있다

영어도 마스터하지 못했는데, 하물며 다른 외국어를 배울 수 있을 리 없지. 이렇게 생각하는 사람이 많을지도 모릅니다. 하지만 실제로는 **다른 외국어를 조금씩 배움으로써 영어를 더 빨리 습득하기도** 합니다.

저는 두말할 것 없는 영어 열등생이었으므로 대학에서도 영어 수업은 전혀 이해할 수 없었지만, 출석만 하면 학점을 주는 교수님이 있어서 영어 때문에 낙제하지 않을 수 있었습니다. 하지만 대학에서는 영어 말고 '제2외국어' 수업도 선택해야 했습니다. 당시

저는 '영어조차 못하는 내가 다른 외국어를 할 수 있을 리가 없지'
라고 생각했습니다.

뭔가 하나 골라야 해서 처음 선택한 것은 독일어였습니다. 제가
영향을 많이 받은 작가 중 한 명인 다나카 요시키(田中芳樹) 선생
님의 걸작인《은하영웅전설(銀河英雄伝説)》에 나오는 독일어의 울
림이 멋있었고, 또 소설에 나오는 독일어 단어에 익숙하다는 이유
에서였습니다. 실제로 수업에서《은하영웅전설》에 등장하는 단어
를 만났을 때는 의욕이 생겼지만, 독일어는 영어보다 훨씬 어려워
서 금방 좌절했고, 결국 중국어로 변경했습니다.《삼국지》같은
중국의 장대한 역사를 동경하기도 했고, 아는 한자가 있으니 의미
는 이해할 수 있지 않을까 하는 안일한 생각도 있었습니다.

결론부터 말하자면 중국어도 독일어만큼 강적이었습니다. 특히
중국어의 '성조'라고 불리는 발음의 높낮이는 몇 번을 들어도 알
아들을 수 없어서 좌절했습니다. 중국어도 출석만 하면 학점을 주
는 교수님이 있어서 학점은 땄습니다만, 거의 공부하지 않은 것과
마찬가지였습니다.

이처럼 학창시절에 영어뿐만 아니라 독일어와 중국어에도 참패
한 '언어 약자'였던 제가 영어 이외의 외국어에 흥미를 가진 것은
3년간 영어를 '다시 공부'하고 토익에 도전하기 시작했던 2008년
의 일이었습니다. 저만의 영어공부로 보람을 느낀 저는 '이 방법을

응용하면 다른 외국어도 마스터할 수 있지 않을까' 생각했습니다. 그렇게 복수의 대상으로 고른 것이 15년 전 대학교 1학년 때 완패했던 독일어였습니다.

독일어 공부를 시작했을 때 제가 중시한 것은 영어공부를 취미로 시작했던 때와 마찬가지로 '스스로 엄격한 기준을 부과하지 않는다', '비는 시간에 기분 전환 삼아 공부한다', '단, 가능한 한 매일 꾸준히 한다'라는 세 가지였습니다.

영어처럼 처음에는 책상 위에 올려둔 독일어책을 팔랑팔랑 넘겨 보기만 했습니다. 대학 시절에는 '너무 어렵다'고 머리를 싸맸던 언어였는데, 매일 접하다 보니 조금씩 저항감이 옅어지는 느낌이 들었습니다.

돌아보면 제가 학창시절에 언어 공부에 매번 좌절했던 이유는 선생님에게 초급자 단계에서 소화할 수 없을 정도의 과제를 받았기 때문이었습니다. 이는 스스로 아무것도 하지 못하는 아기에게 무리한 근육 훈련을 시킨 것과 같은 터무니없는 일입니다. 아기의 성장은 서서히 진행되므로 시간이 걸리듯, 언어 학습에서는 아기인 초급자일수록 서서히 주의 깊게 기초를 배울 필요가 있다는 것을 실제 경험하면서 뼈저리게 느꼈습니다.

이렇게 취미로 독일어를 1년 이상 공부했더니, 영어와 마찬가지로 확실한 성과를 실감할 수 있었습니다. 그러나 2009년 3월에 '사회인 영어클럽'을 만들고 2010년부터 비즈니스 잡지에 〈미스터리 작가, 토익 만점에 도전하다〉라는 글을 연재하기 시작하면서, 갑작스레 영어에 관한 활동을 본격적으로 하게 되는 바람에 독일어 공부는 일단 쉬고 영어에 전념하기로 했습니다. 토익 만점을 향한 도전은 독일어 공부와 양립하면서 달성할 만큼 쉬운 것이 아니었기 때문입니다.

저는 독일어를 '포기한 것'이 아니라 '잠시 쉬는 것뿐'이라고 생각하고 있습니다. 다시 공부를 시작해서, 그때는 완전히 습득할 작정이고, 반드시 해낼 자신이 있습니다. 현시점에서 독일어 공부를 재개하지 않는 것은 앞으로 포르투갈어와 라틴어를 배워야 할 필요가 생겼기 때문입니다.

05
...

올바른 공부법으로는
몇 개 국어든
배울 수 있다

당시는 토익 만점을 받으면 당장이라도 독일어 공부를 재개할 생각이었습니다. 그것을 밀어두어야 했던 이유는 본업인 소설 집필 때문입니다.

규슈의 전국 무장인 오무라 스미타다(大村純忠)와 포르투갈인 루이스 프로이스의 인생을 각각 역사소설화하는 기획이 발단이었습니다. 프로이스가 남긴 《일본사(Historia de Japam)》는 오무라 스미타다의 인생에 대한 가장 중요한 기록일 뿐 아니라 전국시대의 수십 년간을 이국인의 관점에서 객관적으로 적은 사료로 유일무

이한 존재감을 뿜었습니다. 국내에 번역된 것이 스테디셀러로 읽히고 있는데, 모국어로 읽는 것만으로는 원문에 어떻게 쓰여 있는지 알 수 없는 부분이 많아서, 프로이스의 기록을 정밀하게 이해하기 위해서는 포르투갈어를 공부해야 했습니다.

라틴어는 예전부터 어쩐지 '독일어보다 난해할 것 같다'는 이미지가 있었습니다. 포르투갈어는 무엇 하나 아는 게 없었고, 루이스 프로이스의 인생을 쓰기로 하지 않았다면 평생 공부할 기회가 없었을 것입니다. 라틴어도 포르투갈어도 마스터할 자신은 솔직히 없었지만, 영어를 배우면서 개발한 공부법을 미지의 외국어 공부에 적용해보는 데 이보다 더 좋은 기회는 없으리라고 생각했습니다.

영어나 독일어 때처럼, '스스로 엄격한 기준을 부과하지 않는다', '비는 시간에 기분 전환 삼아 공부한다', '단, 가능한 한 매일 꾸준히 한다'는 세 가지 규칙을 지키고 공부를 2년 정도 계속한 결과, 아직 배우는 단계이기는 하지만, 포르투갈어로 쓰인 프로이스의 사료 원문이나 선교사들이 자주 인용하는 라틴어 성서를 읽고 이해하는 데는 지장이 없는 정도가 되었습니다. 몇 년에 걸쳐 쓴 두 걸작 역사 장편《루이스 프로이스가 쓴 전국시대의 일본(ルイス・フロイス 戦国記 ジャパゥン)》과《스미타다, 일본 최초로 기독교인 장군이 된 남자(純忠 日本で最初にキリシタン大名になった男)》를 2018년 드디어 출간할 수 있었습니다.

무엇보다 《루이스 프로이스가 쓴 전국시대의 일본》은 장편 시리즈의 프롤로그 격인 제1권이고, 후속을 계속 쓰고 있는데, 포르투갈어와 라틴어 공부도 당연히 계속하고 있습니다. 영어공부를 하며 키워온 학습법은 포르투갈어와 라틴어에도 역시 유효하다는 점을 스스로 실험체가 되어 앞으로도 증명해나갈 것입니다.

포르투갈어와 라틴어를 배워서 얻은 가장 큰 수확은 유럽의 언어는 왜 비슷한지를 근본부터 이해할 수 있다는 점입니다. 일단 독일어와 영어는 둘 다 인도유럽어족의 게르만어파 형제입니다(그래서 공통점이 많고 같이 배우기 쉽습니다). 이에 비해 포르투갈어, 스페인어, 이탈리아어, 프랑스어는 계통이 다르고, 인도유럽어족의 이탈리아어파인 라틴어의 방언이 지방마다 독립하여 진화한 것입니다. 유럽에는 여러 언어가 가능한 사람이 많다는 사실도 원래는 같은 언어였던 것을 생각하면 이상한 일이 아닙니다.

가끔 우리는 "나는 표준어(서울 사투리)와 부산 사투리 두 가지 언어를 할 수 있다"는 농담을 하곤 합니다. 한국인이라면 대부분 표준어, 경상도 사투리, 전라도 사투리, 충청도 사투리 등을 (완전히는 아니어도) 어느 정도는 듣고 구분할 수 있고, 들은 방언을 흉내 낼 수 있는 것처럼, 유럽인은 여러 언어를 말하자면 '방언'처럼 구사할 수 있는 것입니다.

이 책에서 계속 말했듯이 모든 어학의 기본은 '단어와 문법'입니다. 라틴어 형제끼리는 '단어와 문법'에서 공통점이 매우 많고, 특히 포르투갈어와 스페인어는 '쌍둥이 언어'라고 할 정도입니다. 저는 포르투갈어를 완벽하게 습득하는 것을 목표로 하는 중입니다만, 그 목표에 가까워지면 다음에 스페인어는 배우기 어렵지 않을 것이라는 예감이 듭니다. 이 기세로 이탈리아어와 프랑스어를 배우고 싶지만, 한편으로는 역사소설의 자료로 읽기 시작한 성서에도 매료되어 구약성서의 원문인 히브리어와 신약성서의 원문인 그리스어를 배우고 싶은 충동도 강하게 듭니다. 언제쯤 독일어를 다시 시작할 수 있을지…… 요즘 고민입니다.

무엇보다 제1부에서 이야기했듯이 '영원히 살 것처럼 배우는 것'이 저의 기본 태도이므로 몇 살이 되더라도 살아 있는 한 새로운 언어에 계속 도전하고 싶습니다. 언젠가 '누구든 5개 국어를 마스터할 수 있는 책'을 출간하여, 사람들의 언어실력을 높이는 데 공헌하고 싶다는 꿈도 있습니다.

원래는 '언어 약자'에 불과했던 저조차 여러 언어를 배우는 것이 현실적인 목표로 가까워지고 있듯이, 올바른 공부법을 계속 실천하면 몇 개 국어든 마스터할 수 있습니다. 하물며 영어를 마스터하는 것은 누구나 할 수 있겠죠.

06

다른 외국어를 공부하면 영어에 대한 이해가 깊어진다

이미 이야기했듯이 2008년에 복수를 위해 독일어 공부를 시작했을 시점에는, 제 영어실력은 지금보다 훨씬 낮은 수준이었습니다. 그래도 독일어를 접하면서 많은 배움과 깨달음을 얻었습니다. 독일어에도 라틴어 형제들에도, 유럽의 언어에는 남성명사와 여성명사가 있습니다. 하지만 영어 명사에는 성별의 구별이 없습니다. 또 유럽 언어에 있는 복잡한 격변화도 영어에는 없습니다. 이렇게 비교해보면 영어가 얼마나 복잡하지 않은 언어인지 알 수 있습니다. 영어가 세계 공용어라는 위치에 군림할 수 있는 이유는 과거

대영제국의 영향도 있겠지만, 무엇보다 '세계에서 가장 간단한 언어'이기 때문입니다. 적어도 우리말보다는 훨씬 간단합니다.

초급자에게 처음 영어는 어렵게 느껴질 것입니다. 단, 그것은 예전에 제가 그랬듯이 알기 쉽게 가르쳐주는 강사를 만나거나 텍스트를 접하지 못했기 때문이고, 영어실력이 좋아질수록 "영어가 이렇게 단순한 언어였구나" 하고 느끼는 순간이 반드시 올 것입니다. 중급자 단계에서도 다른 어학 세계를 조금이라도 들여다보면 영어가 얼마나 간단한지 금방 알 수 있습니다.

산수를 잘해서 그것만으로 만족하지 못한 초등학생이 중학교 수학에 도전하는 것은 흔한 일입니다. 그 초등학생이 수학의 어려움에 좌절할지 의외로 쉽게 적응할지는 개인차가 있겠지만, 어느 쪽이든 '수학의 세계를 알게 되면 산수는 재롱잔치 수준이었다'는 사실을 알게 될 것입니다(산수의 가치를 부정하는 것이 아닙니다. 재롱잔치로서 산수의 가치는 매우 크다고 생각합니다). 유럽 언어를 배운 사람도 영어에 대해 같은 인상을 받겠죠.

갑자기 본격적으로 배울 필요는 없습니다. 서점의 어학책 코너에 가면 《처음 배우는 ○○어》라는 책이 몇 권이나 쌓여 있습니다. 지식이 전혀 없더라도 읽을거리로 가볍게 즐길 수 있는 책이 많습니다. 이렇게 지금부터 시작하는 학습자용 가이드북을 통해 영어와는 다른 언어 세계를 들여다보시기 바랍니다. '다른 언어와 비교하면 영어는 간단하다는 생각이 드는군. 영어라면 분명 할 수 있어!'라고 용기가 생길 것입니다. 설령 '바닥'에서 시작하더라도, 우리 사회에는 이미 무수한 영단어가 정착해 있으므로 그런 의미 에서도 다른 언어보다 훨씬 쉽게 배울 수 있습니다.

07

어떤 언어에서도
최상위에 오를 수 있는
공부법

영어, 독일어, 포르투갈어, 라틴어…… 배우는 대상이 바뀌어도 공부법은 완전히 같습니다. 저는 지금까지 해오던 공부를 계속하면서 늘 새로운 공부법에 대한 가능성도 모색했습니다만, 역시 왕도를 이기는 것은 없습니다. 이 책에서는 왕도의 공부법을 이미 몇 가지 소개했습니다만, 이 장에서 처음으로 언급하는 것인데, 제가 가장 효과가 있다고 생각하는 방법은 '스무드(smooth) 암송'이라고 이름 붙인 것의 진화형입니다.

어학 공부에서 가장 좋은 트레이닝 방법은 암송(즉 문자를 보지 않고 기억한 문장을 소리 내어 말하는 것)이라고 설명하는 강사는 결코 많지 않습니다. 하지만 해외 언어교육에서는 암송이 기본입니다. 저도 암송이야말로 최고의 방법이라고 확신합니다. 암송의 효과를 최대한 끌어올리는 방법으로 2013년부터 '스무드 암송'이라고 하는 방법을 만들었습니다. 지금까지 출간한 영어 관련 책에서도 항상 "스무드 암송이야말로 최강의 어학 트레이닝 법입니다"라고 소개해왔습니다. 이 생각은 지금도 전혀 변하지 않았습니다(다른 공부법에 간단하게 자리를 내줄 거라면 애초에 최강이라고 부르지 않았겠죠).

평범한 암송과 스무드 암송의 차이가 무엇인가 하면, 이름 그대로 스무드 암송은 '매끄럽게 말하는 것을 목표로 하는 암송'이라는 점입니다. 보통 암송과 어떻게 다른지 의문이 들지도 모르겠습니다만, 공부하는 사람 사이에서 암송은 난이도가 높다고 알려져, 상급자도 피해 가는 사람이 많습니다. 그렇기 때문에 더듬거리며 암송해도 어쨌든 암송할 수 있으면 된다는 사람도 적지 않습니다. 하지만 더듬더듬하는 암송으로는 효과가 반감되므로 '스무드 암송'이라고 함으로써 '매끄럽게 암송하지 못하면 해냈다고 할 수 없는 규칙'을 따르도록 하는 것입니다.

스무드 암송에 사용하는 소재는 무엇이든 상관없지만, 자신에게 익숙하지 않은 단어나 표현을 하나라도 포함한 영어 문장이 이상적입니다. 상급자라면 영문만으로도 스무드 암송을 할 수 있겠지만, 스무드 암송이 잘되지 않는다면, 영어만이 아니라 우리말 번역도 함께 있는 문장을 고르는 것이 좋습니다. 그다음 암송 준비 단계로 일단 우리말을 보면서 그것을 다시 영문으로 바꿔봅니다. 이때 갑자기 영어로 번역하기 어려울 때는 슬쩍슬쩍 보면서 하는 '커닝 번역'이어도 상관없습니다.

예를 들어 다음 같은 영어와 우리말 번역 문장이 있다고 합시다.

The eccentric writer is known for proposing his unique method to learn English.

그 별난 작가는 자기 특유의 영어공부법을 제창한 것으로 알려져 있다.

우리말을 보면서 '커닝 번역'을 하면 이런 느낌일 것입니다.

"'별나다'라는 단어를 뭘로 바꿀 수 있을까? 'strange'나 'odd' 아니면 'peculiar'인가…… (정답 영문을 보고) 아, 'eccentric'이구나. '작가'는 장편소설가라면 'novelist, 책의 저자라면 author, 저술가 전반을 가리킨다면 'writer'일 텐데…… (답을 살짝 보고) 아, 여기서는 'writer'네. '자신의 독자적인'은 'his original' 아니면 'his own'…… (답을 보고) 아, 'his unique'구나. 유니크는 우리나라에서는 '특이한'이라는 뜻으로 자주 쓰이지만 '특유의'라는 의미도 있군. '영어공부법'은 'English learning method'려나? ……
(답을 살짝 보고) 이 문장에서는 'method to learn English'네. 같
은 뜻이지만 말이야. '제창했다'는 뭐라고 하면 되지? (답을 살짝 보
고) 아, 'propose'를 쓰면 되는구나. '알려져 있다'는 'is known
for'로 뒤에 명사형이 오니까, 'proposing'으로 '~ing'를 붙이면
되고."

이렇게 커닝을 해가면서 영어번역을 해놓으면, 다음은 그 영문
의 풍경을 떠올릴 수 있습니다. 어떤 이미지여도 상관없으니, '별
난 작가가 특유의 영어공부법을 제창하는 모습'을 머릿속에 그려
보고, 다음은 그 이미지를 영어로 이야기하듯이 암송해봅니다. 잘
되지 않으면 처음에는 **'커닝 암송'**도 괜찮습니다.

"'The eccentric writer…… is known for…… proposing his
learning method……'였었나? (답을 살짝 보고) 아, 아니네. 'his
unique method'구나. 다시 한번. 'The eccentric writer……
is known for…… proposing his unique method to learn
English.' 맞지? 좋아. 꽤 매끄럽게 할 수 있어. 다시 한번. 'The
eccentric writer is known for…… proposing his unique
method to learn English.' 다시 한번에 매끄럽게 해보자. 'The
eccentric writer is known for proposing his unique method
to learn English.' 오, 됐다!"

마지막에 막힘없이 한 문장을 말할 수 있게 된 상태가 스무드 암송을 하나 완성한 것입니다. 스무드 암송이라고 부르는 이유는 그 정도로 매끄러워야 한다는 규칙을 지키기 위한 명칭이라는 걸 다시 한번 강조하고 싶습니다.

08

궁극의 공부법을
더 진화시키는 방법

스무드 암송이라고 해서 반드시 소리를 낼 필요는 없습니다. 만원버스 안이나 인파 속에서처럼 소리를 내기 힘든 환경에서는 머릿속으로 영문을 음성화하는 '뇌내 스무드 암송'이라도 큰 효과가 있습니다. 일단 스무드 암송을 할 수 있는 영문을 몇 번씩 더 반복하는 것만으로도 뇌리에 더 견고하게 새겨지므로, 이를 반복하는 것을 추천합니다.

단어를 외우는 방법을 설명하면서 '걸으면서 하는 뇌내 이미징'을 소개했는데, 같은 요령으로 '걸으면서 뇌내 스무드 암송을 하는 법'을 익히면, 자투리 시간은 물론 걸으며 이동하는 시간도 모두 공부 시간이 됩니다. 한 번 더 말씀드리는데, 사고의 원인이 될 수 있으니 운전 중에는 피하는 것이 좋습니다.

스무드 암송은 이점이 많은데, '스무드 암송을 할 수 있게 된 문장은 아웃풋할 수 있게 되어' 말하기 능력이 강화되는 것은 물론, 듣기를 할 때도 암송할 수 있는 영문이라면 여유 있게 들립니다. 읽기 영역에서도 읽으면서 동시에 이해할 수 있게 됩니다. 쓰기에서도 당연히 절대적인 효과가 나타나는데, 암송할 수 있는 문장은 쓰는 것도 가능하기 때문입니다. 하지만 발음은 알아도 철자를 잊어버릴 수 있으므로 철자에 자신이 없는 단어가 나오면 그 문장을 최소 한 번은 직접 써보아야 합니다. 그러면 그 영문은 쓰기에도 활용할 수 있는 표현이 됩니다. 시간이 있다면 원문을 보지 않고 한 문장 전부를 매끄럽게 쓸 수 있을 때까지 반복하는 '스무드 라이팅'을 연습해보시기 바랍니다. 최고의 쓰기 트레이닝 방법입니다.

즉 자신이 모르는 단어나 표현이 포함된 영문을 스무드 암송을 함으로써 하나의 영문으로 영어의 네 가지 능력을 동시에 단련할 수 있습니다. 이는 물론 영어에 국한된 이야기가 아니며, 어떤 외국어를 공부하든 스무드 암송은 언어를 익히는 최고의 방법입니다.

스무드 암송은 어학 공부의 '절대 강자'라고 불리는 궁극의 공부법이라고 저는 확신합니다. 얼마 전 저는 이를 더 진화시키는 방법이 떠올랐습니다. 바로 '스무드 암송 습관', 그리고 그다음 단계인 '데일리(daily) 스무드 암송'을 목표로 하는 것입니다.

단순히 명칭이 길어졌을 뿐 아니냐고 생각할지도 모르지만, 명칭이 학습의 성과를 좌우합니다. 이미 설명했듯이, 스무드 암송의 가장 큰 장점은 '스무드'라고 이름 붙인 이상 매끄럽게 암송할 수 있어야 암송을 제대로 끝냈다고 할 수 있다는 점입니다. 이처럼 절대적인 효과가 있는 '스무드 암송'이지만, 긴장이 풀리면 한 달에 한 번이라거나 가끔씩만 활용하는 이가 많습니다. 모처럼 만능 트레이닝 방법을 알고 있는데, 사용하지 않으면 모르는 것과 다를 바 없습니다. '습관'의 중요성은 이 책 앞부분에서도 이야기했는데, 스무드 암송을 습관화하는 최고의 방법은 이 공부법을 '스무드 암송 습관'이라고 부르는 것입니다. 습관이라는 이름이 붙은 이상 습관으로 만들 수밖에 없기 때문입니다.

습관이라고 해도 개인차가 있어서 '일주일에 한 번 골프를 치러 가는 것'도 습관이라고 말하는 사람이 있습니다. 우선 처음에는 일주일에 한 번인 '스무드 암송 습관'이어도 괜찮습니다만, 익숙해지면 반드시 매일 최소한 한 번은 실행하는 '데일리 스무드 암송'으로 바꾸시기 바랍니다. '데일리'는 '매일 반복하는 것'이므로 '데일리 스무드 암송'을 실천한다고 말하기 위해서는 싫어도 매일 반복해야 합니다.

고통 없이 꾸준히 할 수 있는 사람은 '스무드 암송'이라고 불러도 상관없지만, 아마 그렇게 계속하지 못하는 사람이 더 많을 것입니다. 꾸준히 하는 것의 중요성을 잊지 않기 위해서는 그 트레이닝을 '데일리 스무드 암송'이라고 부르는 것이 가장 효과적입니다.

09

복습을 넘어서는
최고의 공부 습관

어학 공부만이 아니라, 무언가를 배울 때 복습이 중요하다는 것은 아무리 강조해도 지나치지 않습니다. 무언가를 외울 때 보통 처음에는 일시적인 '단기기억'으로 뇌에 정보가 저장됩니다. 유명한 에빙스(Hermann Ebbinghaus)의 망각곡선 그래프에 따르면, '단기기억'은 복습하지 않으면 점점 사라져서 하루 뒤에는 50퍼센트, 이틀 뒤에는 75퍼센트를 잊어버리고, 일주일 뒤에는 기억이 거의 남지 않게 됩니다. 일정 기간 유지한 기억은 쉽게 잊히지 않는 '장기기억'이 됩니다.

그렇기 때문에 많은 사람은 '하루 뒤에 첫 번째 복습, 이틀 뒤에 두 번째 복습······' 이런 식으로 복습을 시스템화하는 방법을 제안합니다. 저도 그런 제안을 하곤 했습니다. 이는 물론 좋은 방법이지만, 이튿날 복습보다 더 이상적인 것이 바로 '당일 복습'입니다. 예를 들어, 하루에 한 시간 공부한다면 마지막 10분이나 15분은 그날 공부를 복습하는 데 쓰는 것은 어떨까요? 또는 공부 시간이 끝나고 잠시 비는 시간에 그날의 복습을 하는 방법도 있습니다.

영단어를 외우는 법에서 말했듯이 수첩이나 스마트폰 등에 적어둔 정보를 틈이 날 때마다 다시 보는 것이 간단하고도 유효한 방법입니다. '하루 뒤에 첫 번째 복습을 한다'고 정해버리면 이튿날까지 복습을 하지 않겠지요. 당일에 여러 번 복습하면 보다 확실하게 기억을 저장할 수 있습니다.

이처럼 복습이 기억의 열쇠인 것은 틀림없지만, 이 또한 명칭 하나로 복습의 질을 올릴 수 있다는 사실을 몇 년 전에 알게 되었습니다. 이 사실을 책에서 밝히는 것은 처음인데, '복습'의 진화형인 학습법이 바로 '분석'입니다.

복습은 외운 지식을 확실하게 기억하고 이해하는지 아닌지를 확인하는 작업입니다. 이에 비해 '분석'은 그 지식을 여전히 기억하고 이해하는지를 확인할 뿐 아니라 더 나아가 자기 나름대로 생각을 해보는 것입니다.

알기 쉬운 예를 들자면, 문제집에서 풀었던 문제를 복습할 경우

단순한 '복습'은 답을 맞힐 수 있는지 없는지를 확인할 뿐입니다. 이에 비해 '분석'은 '이전에 내가 왜 틀렸더라. 알고 있는 것에 빠진 부분은 없나. 다음에 같은 패턴이 나오면 또 틀리지는 않을까' 등 다른 내용까지 살펴보는 것입니다.

영단어나 영문법을 복습할 때라면, 단순히 '이건 외웠다'고 확인하는 데서 그치는 게 아니라 '이것과 비슷한 영단어(영문법)에는 무엇이 있을까. 예전에 외웠던 지식을 조금이라도 제대로 기억하고 있나' 등 '분석'을 하는 것입니다.

열심히 공부하는 사람은 복습의 과정에서 자연스럽게 '분석'하지만, 이를 '복습'이라고 생각하는지 '분석'이라고 생각하는지에 따라 공부를 대하는 자세와 사색의 깊이가 달라집니다.

기껏해야 명칭, 그래봤자 명칭이지만 공부법을 어떻게 부르냐에 따라 그 내용이 좌우됩니다.

정기적인 유지 보수로
기억은행을 관리하라

막 영어공부를 시작한 사람은 일단 '바닥'인 상태에서 지식을 쌓아가는 단계이므로 상관없지만, 영단어를 수천 단어 외운 중급자나 만 단어 이상의 어휘력을 자랑하는 상급자가 신경 써야 하는 부분은 '한번 외운 지식이어도 한동안 접하지 않으면 순차적으로 잊어버린다'는 기억의 특성입니다.

학창시절에는 학급 친구들 전원의 얼굴과 이름을 기억했더라도, 졸업하고 몇 년이 흐르고 나서는 이름도 얼굴도 떠올릴 수 없었던 경험이 있을 것입니다. 이처럼 '평소에 사용하는 정보는 확실히 기억하고, 사용하지 않는 정보는 점점 잊어버린다'는 것이 기억의 특징입니다. 아무리 머리가 좋아도, 기억의 달인이어도 이 법칙에서 벗어날 수는 없습니다.

점점 기억에서 사라지는 것은 노화가 원인이 아니며, 이런 망각은 아이들에게도 마찬가지로 일어난다는 점을 말해두고 싶습니다. "나는 이제 나이가 들어서 보고 들은 것을 점점 잊어버린다"고 '포기하면' 정말 기억에서 사라지고 맙니다. 하지만 과거에 쌓아온 기억을 정기적으로 꺼내어 확인하는 '기억의 유지 보수'로 망각을 막을 수 있습니다.

구체적으로는 과거에 사용한 영단어 책이나 영문법 책을 다시 숙독할 필요는 없고, 팔랑팔랑 페이지를 넘기며 잊어버린 단어가 없는지를 확인하는 것입니다.

당신이 외우고 있는 영어 지식은 '기억은행'에 맡겨놓은 저금이라고 생각합시다. 조금씩 꾸준히 모아놓은 영단어나 영문법 지식은 당신의 재산이라고 할 만한 귀중한 자산입니다. 만약 정기적으로 통장 내역을 찍어 보지 않을 경우 모아놓은 저금이 줄어드는 시스템이라면, 돈이 없어지지 않도록 부지런히 통장 내역을 찍어 볼 것입니다(요즘 은행에서는 종이 쓰레기를 줄인다고 전자정보만 보고 직접 통장 내역을 찍어 보지 않는 분이 많지만요).

저금이라면 어느 순간 사라지지 않도록 신중하게 신경 쓸 테지요. 당신이 쌓아온 지식도 저금처럼 귀중한 자산입니다. '기억은 행'에서 지워지지 않도록 정기적으로 유지해줄 필요가 있다는 점을 기억해두시기 바랍니다.

11

영어를
유창하게 말하는
사람의 비밀

　예전에 어느 유명 강사가 영어로만 말하는 세미나에 참석했을 때 일입니다. 그 강사의 유창한 영어 말하기 실력에 감명을 받음과 동시에 (비판이 아니라 순수한 감상이었는데) '로봇 같다'는 인상이 강하게 들었습니다. 왜냐하면 그의 이야기, 제스처, 농담 등 모든 행위가 너무도 완벽하게 구성되어 그 장소에서 생각한 것이 아니라, 지금까지 수십 번 같은 내용을 반복해왔을 거라는 느낌이 드는 유창함이었기 때문입니다. 인간은 불완전한 존재이므로 무언가를 너무도 완벽하게 해내면, 인간형 로봇처럼 보이는 것일지도 모릅니다.

그 영어강사도 영어만으로 이야기하는 세미나 내용은 정말 완벽했지만, 만약 참가자 중 누군가에게 답하기 힘든 질문을 받았다면, 그렇게 유창한 영어로 대답할 수 있었을지 모르겠습니다. 그가 완벽했던 이유는 대본 그대로 행동하고 있었기 때문인데, 여기에 말하기의 힌트와 핵심이 있습니다.

연기를 잘한다고 알려진 배우라도 장면만 설정해주고 "대사는 전부 애드리브로 해주세요"라는 지시를 받는다면, 좋은 대사를 내뱉기는커녕 입을 다물거나 우물거리는 일이 많을 것입니다. 배우가 막힘없이 대사를 입에 담는 이유는 대본이 있기 때문입니다. 제가 '로봇 같다'고 느낀 유명 강사가 영어로 말하면서 막힘이 없었던 것도 대본이 있었기 때문이죠. 반대로 말하면, 누구든 좋은 대본이 있고 연습을 하면 막힘없이 영어로 말할 수 있다는 뜻입니다.

우리말 말하기도 사실 이와 같습니다. 짧은 단어로 깊은 뜻을 전하는 '명언의 고수'도 세상에는 있겠지만, 일반적으로 '토크의 달인'이라고 불리는 사람들은 이야기를 시작하면 멈추지 않는 다변가 유형이 많습니다. 그들이 토크의 달인이 된 것은 인생에서 셀 수 없을 정도로 많은 토크 경험을 쌓아와서 이야기를 고조시키는 확실한 패턴을 무수히 가지고 있기 때문입니다. 즉, 그들은 그 장소에서 생각나는 대로 말하는 것이 아니라 과거에 얻은 확실한 패턴을 순간적으로 꺼내어 유창하게 말하는 것입니다.

영어로 말할 때 말하는 내용을 그 자리에서 일단 우리말로 생각하고 그것을 영어로 바꿔 말하려고 하면, 유창하게 이야기할 수 없습니다. 그것은 대본 없이 애드리브로 이야기하는 배우처럼 무력한 상황입니다. 하지만 만약 당신이 "이렇게 이야기해주세요"라고 대본을 받아서 거기에 적혀 있는 영문을 암기하고 여러 번 말하는 연습을 한다면, 남들이 믿기 힘들 정도로 유창해 보이는 말하기 능력을 갖게 될 것입니다.

네이티브가 말하는 영어가 유창하게 들리는 것은 그들은 그때그때 백지에서 문장을 생각하는 것이 아니라 '이런 상황에서는 이렇게 대답하면 된다'는 대본을 이미 갖고 있기 때문입니다. 이 '말하기 대본'을 손에 넣으려면 어떻게 해야 할까요?

12

논네이티브가 마지막에
목표로 하는 경지

연배가 있는 사람들이 특히 동의할 것 같은데, 자신이 누구인지를 이야기할 때 본인 인생에서 특히 인상적이었던 에피소드는 살아온 인생이 길수록 자연스럽게 과거에 대한 이야기로 채워집니다. 자신의 성장 과정, 잊지 못할 추억, 대서특필할 만한 인생 경험 등을 다양한 상대에게 몇 번이고 말하는 동안, 그것은 기승전결을 특별히 의식하지 않아도 유창하게 이야기할 수 있는, 완성된 '대본'이 됩니다.

예를 들어 당신이 네이티브에게 "Can you tell me what you

are proud of about your country(당신 나라에 대해 무엇이 자랑스러운지 이야기해주실래요)?"라는 질문을 받는다고 해봅시다. 그 질문에 대해 한 번도 생각해본 적이 없다면, 설령 우리말로 말한다 하더라도 즉답할 수 없을 것입니다. 이처럼 우리말로도 대답하기 어려운 질문이라도, 과거에 몇 번이나 영어로 대답한 적이 있거나 나름대로 대답할 '대본'이 있다면 다음처럼 말할 수 있습니다.

I'm proud of the goodness, diligence, and sympathy of Korean people. I was really impressed by them when the 2007 Taean oil spill occurred. During the worst disaster, Korean people kept showing their goodness, diligence and sympathy, which surprised people around the world. When the nightmarish tragedy happened, many people gathered to help Taean. It was the very moment when I was deeply proud of the nature of Korean people.

저는 한국인의 선함, 근면함 그리고 공감력을 자랑스럽게 생각합니다. 2007년에 태안 기름 유출 사고가 일어났을 때 그 부분에 강한 인상을 받았습니다. 최악의 재난이었는데 한국인은 선함, 근면함, 공감력을 보여 세계인들을 놀라게 했습니다. 악몽 같은 비극이 일어나자 많은 사람이 태안을 돕기 위해 모였습니다. 한국인

이처럼 긴 대답이라도 과거에 몇 번이나 대답한 적이 있고 본인의 머릿속에 '대본'이 완성되어 있다면, 막힘없이 이야기할 수 있습니다. 다른 사람이 본다면 '믿기 힘들 정도로 유창하게 영어를 하는 사람'으로 보일 테지요. 이것이 '대본'이 된다는 것입니다. 여러 번 '대본'을 반복하면 대답은 점점 유창해질 것입니다.

저는 2009년 이후부터 지금까지 10년 동안 매일 우리말 문장을 영어로 옮겼기 때문에 당당하게 말할 수 있습니다. **영어로 번역할 수 없는 우리말은 없습니다.**

각 나라만의 독자적인 문화도, 우리만의 독자적인 용어도, 영어로 소개할 수 있습니다. 물론 자기 나라에만 있는 개념은 설명이 길어지겠지만, 불가능하지는 않습니다. 제가 운영하는 웹사이트 'The BBB' 영어판에 저는 매주 2회(월요일과 금요일) 일본의 문화와 명소를 영어로 설명하는 칼럼을 쓰고 있습니다. 2019년 3월까지 기사(지금까지 소개한 테마)의 수는 620건을 넘습니다. (https://thebbb.net/japan-pedia/)

즉, 당신의 인생은 모두 영어로 바꿀 수 있습니다.

네이티브가 영어로만 생각하고 이야기하는 것처럼 우리 머릿속에 떠오르는 생각도 모두 영어로 말할 수 있습니다. 영어를 공부하는 사람이 마지막 목표로 삼아야 하는 것은 본인 인생을 모두 영어로 옮기는 경지입니다. 구체적으로 말하면, 들리는 소리를 모두 영어로 옮기고 본인 머릿속에 떠오르는 생각도 모두 영어로 옮기는 것. 이를 철저하게 할수록 네이티브에 가까워질 수 있고, 그렇게 축적한 영문을 '대본화'할 수 있습니다.

들리는 소리를 모두 영어로 옮기는 것은 예를 들어, 당신이 길거리를 걸을 때 주위에서 들리는 이야기를 모두 영어로 옮기려고 노력하고, 영어로 옮길 수 없었다면 나중에 찾아서 번역하는 트레이닝 방법입니다.

누가 이야기했는지는 중요하지 않습니다. 어쨌든 간에 들리는 대화의 단편을 닥치는 대로 영어로 옮기는 연습을 해봅시다. 예를 들어 이런 느낌입니다.

이번 주 일요일에 영화 보러 갈래? How about going to see a movie next Sunday? 그런데 요즘 뭘 상영하더라……. To begin with, what films are now showing……? 어이, 미팅 자료 거래처에 도착하지 않은 것 같은데. Hey, our customer said they had yet to receive the meeting material. 빨리 메일 보내줘. Send it to them, immediately. BTS의 신곡 벌써 들어봤

어? Have you already listened to BTS's new tune? 아니, 실은 아직 시간이 없어서 아직 다운로드 못 했어. Umm, actually, I am too busy to download it. 엄마, 오늘 저녁은 뭐야? Mom, what is today's dinner? 네가 제일 좋아하는 치즈 햄버그야. Cheese hamburger steak, your favorite.

또 제가 '비스름 동시통역'이라고 이름 붙인 트레이닝이 있는데, 텔레비전에서 나오는 소리를 동시통역하듯 영어로 바꾸는 것입니다. 과부하가 걸려 단련이 되기 때문에 영어로 문장을 바꾸는 데는 최고의 트레이닝 방법입니다. 예를 들어 가을 축제에 대한 뉴스가 텔레비전에서 나올 때 '비스름 동시통역'을 하면 다음처럼 됩니다.

가을이 되어…… In autumn…… 꽃 축제, 와인 축제, 음악 축제 등…… flower festival, wine festival, music festival, etc…… 곳곳에서 다양한 행사가 이어지고 있습니다만…… There's a lot of events going on all over the place…… 주말에 또다시 가을비가 내린다고 하니…… It is said that fall rain is going to fall again…… 주의하시기 바랍니다. Please be careful…….

들리는 음을 모두 영어로 옮기려고 노력하면 아무리 상급자라도 표현이 헷갈릴 수밖에 없습니다. 자신이 평소 읽고 듣는 영문은 본인이 잘하는 분야에 편중되어 있는 경우가 많습니다. 어느 분야의 화제든 골고루 영어로 말할 수 있으려면 거리를 걸을 때나 텔레비전 또는 라디오를 틀어놨을 때 들리는 우리말을 모조리 영어로 옮기는 연습을 해야 합니다. 이런 트레이닝이 본인의 약점을 파악하는 데 최적화된 방법입니다.

머릿속에 떠오르는 생각을 영어로 옮기면 다음과 같습니다.

이 책에서 제시한 예문으로…… As an illustration of an example to be introduced in this book…… 지금 적절한 영문을 생각해내야 하는데…… I have to come up with an appropriate English sentences just now…… 어떤 문장이 좋을까…… I wonder what type of sentence I should show to the readers…… 차라리 생각을 그대로 문장으로 만들어버릴까…… I might be able to make this mind the example…….

당신이 말하는 것은 당신이 생각한 것입니다. 영어로 말하는 게 힘든 건 평소에 영어로 생각하지 않았기 때문입니다. 머릿속에 자연스럽게 떠오르는 생각을 하나씩 영어로 바꾸면 조금씩 영어로 생각하게 됩니다. 그러면 영어로 말하는 것도 크게 힘들지는 않습니다.

13

영어 챔피언이
되지 않아도 괜찮아

　엄청난 영어 열등생이었던 학창시절과 비교하면 지금의 저는 훨씬 좋은 영어실력을 손에 넣은 것이 사실입니다. 하지만 세상에는 저보다 훨씬 영어를 잘하는 사람이 많다는 사실도 당연히 알고 있습니다. 더욱이 네이티브와 비교한다면 영어에 부자연스러운 부분을 아예 없애기란 불가능합니다.

　네이티브는 태어날 때부터 죽을 때까지 오로지 영어에 둘러싸여 있습니다. 저는 성인이 되어서 영어를 배우기 시작했으니, 십수 년 뒤처진 지점에서 출발한 제가 저 앞에서 계속 뛰고 있는 네이티브를 역전할 수 있을 리 없습니다.

그렇다고 완벽하지 않아도 괜찮다며 태도를 바꾸지 말고 앞으로도 보다 높은 영어실력을 목표로 정진하시기 바랍니다. 다만 상급자가 됐을 때, 자신보다 영어실력이 좋은 사람을 만나도 비관하지 말라고 말하고 싶습니다.

원래 주변에 영어를 잘하는 사람이 없는 환경에서는 당신이 영어를 잘하기 시작하면 주변에서 가장 영어를 잘하는 사람이 될 수 있습니다. 그러나 어느 정도 나이를 먹고 시작하면 국내에서 영어를 가장 잘하게 되기란 불가능하고, 더구나 세계 챔피언이 되는 것은 꿈속의 꿈입니다.

이 책 앞부분에 적었듯이 '할 수 있는 것'과 '할 수 없는 것'이 있습니다. 설령 세계에서 가장 빠른 마라토너라도 선두가 30킬로미터 앞에서 시작한다면 따라잡을 수 없는 게 당연합니다. 물론 격차를 줄이는 것이 불가능하지는 않지만요.

이런 이야기를 하는 이유는, 당신이 영어를 잘하게 될수록 영어를 잘하는 다른 사람들과 접점이 생길 것이고, 그런 영어 엘리트에게 부정적인 말을 들을 수도 있다는 점을 다시 한번 강조하고 싶기 때문입니다. 하나하나 신경 쓸 필요는 없습니다. 물론 당신에게 영어가 자랑할 만한 무기가 되었을 때 '안 된다'는 말을 들으면 당연히 낙심할 것입니다. 그럴 때야말로 '영어 플러스 알파'가 중요해집니다.

당신이 얼마나 영어를 잘하게 되든 당신보다 더 잘하는 사람은 반드시 있습니다. 하지만 당신이 영어 말고 다른 능력이나 전문 분야가 있다면, 그 지식을 플러스하는 것으로 당신보다 영어를 잘하는 사람을 만나더라도 콤플렉스를 느끼지 않게 됩니다. 오히려 상대의 특기가 '영어뿐'이라면 상대가 콤플렉스를 가지겠죠.

당신이 영어의 '올바른 공부법'을 익힌다면 영어 외에 어떤 분야의 지식도 효율적으로 흡수할 수 있습니다. 영어와의 만남은 평생 지속되겠지만, 여유가 생겨 다른 언어를 배우거나 다른 공부를 하면 그에 따라 당신의 영어공부는 더욱 단단해질 것입니다.

가령 당신에게 내세울 만한 것이 '영어뿐'이라면 당신이 '초급자에게 안 된다고 말하는 영어 엘리트'가 될지도 모릅니다. 하지만 누구든 처음에는 초급자였습니다. 네이티브라 하더라도 어릴 때는 말하자면 초급자입니다.

설령 학습에 성공하여 상급자가 되더라도 본인도 원래 초급자였다는 사실을 잊지 말고, 초급자나 중급자를 무시하지 말고, 따듯한 마음으로 지켜보고 이끌어주시길 바랍니다. 독자 여러분에게 이 점을 특히 부탁하고 싶습니다.

14

초급자부터 상급자까지,
영어 체크리스트

지금까지 다양한 영어공부법과 영어공부 할 때의 마음가짐을 소개했습니다. 한 번 보고 영단어를 외울 수 있는 사람이 없는 것처럼 영어공부법에 대한 설명도 한 번 읽고는 몸에 배지 않습니다. 이 책을 읽고 '참고할 만한 이야기가 많다'고 느꼈더라도 복습하지 않으면 일주일 후에는 전부 잊어버릴지도 모릅니다.

제가 이전에 토익 비법으로 '16시간 백열 라이브'라는 이벤트를 개최했을 때, 훗날 참가자에게 메일로 "그날 선생님이 말씀해준 독해 대책이 최고였다는 건 기억하는데, 구체적인 내용은 잊어버렸습니다. 어떤 내용이었죠?"라는 농담 같은 이야기를 들은 적이 있습니다.

이것은 결코 특수한 경우가 아닙니다. '사회인 영어클럽' 초기에 공부 모임을 열면, 참가자들은 "와, 역시 선생님의 방법은 최고예요! 도움이 될 이야기를 엄청 들었으니 틀림없이 영어실력이 좋아지겠죠"라고 했지만, 제대로 복습한 사람은 아무도 없어서 그다지 실력이 늘지 않았던 일도 있습니다.

이미 말했던 이야기와 이어지는데, 설령 당신이 세계 제일의 근육 트레이닝 방법을 배울 기회가 있더라도, 그것을 실천하지 않는 한 근육은 절대 붙지 않습니다. 그리고 복습하지 않으면 모처럼 알게 된 근육 트레이닝 방법 자체를 언젠가 잊어버리게 됩니다.

이 책의 내용도 그렇습니다.

'좋은 이야기를 들었다'만으로 끝나지 않도록 실제 행동으로 옮기기 바라는 기대를 담아, 이 책 마지막에 이제까지 소개했던 학습법 체크리스트를 실었습니다.

초급자, 중급자, 상급자 단계마다 각각 필요한 공부법이 다르므로, 모든 주의사항에 동시에 해당하는 사람은 없을 것입니다.

주의사항마다 해설이 적힌 책의 페이지를 적어두었습니다.

이 체크리스트를 가능한 한 자주 보고, 지금 당신에게 가장 필요한 공부법을 확인하는 기회가 된다면 행복할 것입니다.

초급자가 특히 주의해야 할 사항

☐ '난 영어공부는 못할 거야'라고 생각하지 않습니까? (4쪽)

☐ 어느 정도의 영어실력을 갖고 싶은지 구체적인 목표를 설정했습니까? (34쪽)

☐ 발음이나 문법이 완벽해야 한다고 영어를 쓸 때 몸을 사리지는 않습니까? (39쪽)

☐ 주변에 있는 '드림킬러'의 말에 영향을 받지는 않습니까? (46쪽)

☐ 번역기나 번역프로그램이 만능이라고 생각하지는 않습니까? (50쪽)

☐ 갑자기 영어회화 학원에 등록하거나 유명 영어교재를 사지는 않았습니까? (58쪽)

☐ 유학 가기, 외국인 친구 사귀기, 해외에서 생활하기가 이상적인 영어공부법이라고 오해하고 있지 않습니까? (60쪽)

☐ 영어의 기초가 없는 단계에서 응용만 배우려고 하지는 않습니까? (63쪽)

☐ 서점에 직접 가서 실물을 살펴보며 영어책을 찾고 있습니까? (69쪽)

□ 영단어와 영문법 책을 최소 한 권씩 가까이에 두고 있습니까? (72쪽)

□ 영어를 인풋하지도 않으면서 아웃풋되지 않는다고 고민하지는 않습니까? (124쪽)

□ 기초가 없는 상태에서 '다청다독'에 도전하고 있지는 않습니까? (126쪽)

□ 영어실력의 기초를 다졌다면 토익 시험을 염두에 두고 있습니까? (149쪽)

□ 영어실력을 측정하지 않아서 자신의 영어가 늘었는지 실감할 수 없다는 사실을 자각하고 있습니까? (154쪽)

□ 영어를 공부한다고, 토익에 응시할 거라고 주변에 선언했습니까? (160쪽)

□ '안티 토익'의 목적 없는 비판을 진지하게 받아들이지는 않았습니까? (163쪽)

중급자가 되어도 주의해야 할 사항

☐ 모르는 것이 나오면 아는 부분까지 다시 돌아가서 공부합니까? (65쪽)

☐ '마법처럼 효과가 좋은 영어책'을 찾고 있지는 않습니까? (74쪽)

☐ 책에서나 강사에게 '최대한 배우자'는 학습 자세를 취하고 있습니까? (78쪽)

☐ 중요한 영어책을 언제든 펼쳐볼 수 있도록 가까이에 두고 있습니까? (79쪽)

☐ 학습 내용이나 진행 상황을 수첩이나 스마트폰에 메모해두었습니까? (83쪽)

☐ 성장이 멈추는 '벽'에 부딪혔을 때 자신을 객관화해서 볼 수 있습니까? (89쪽)

☐ 새로운 영단어를 '보기만' 하지 않습니까? 외우고 있습니까? (96쪽)

☐ 영문법을 '셀프 해설' 할 수 있을 만큼 이해하고 있습니까? (99쪽)

☐ 영단어를 자기식의 틀린 우리말로 적은 다음 외우지는 않습니까? (101쪽)

☐ CD나 전자사전 등으로 네이티브 발음을 듣고

자신의 발음을 확인하고 있습니까? (102쪽)

☐ 우리말로 발음하는 것이 아니라, 정확한 음에 가깝게 발음하려 하고 있습니까? (103쪽)

☐ 네이티브 발음에 가까워지기 위한 포인트를 의식하고 있습니까? (104쪽)

☐ 외우기 어려운 단어는 눈에 잘 띄는 곳에 붙여두었습니까? (121쪽)

☐ 미국 영화와 드라마, 팝송 또는 영어소설이나 영어신문을 즐기고 있습니까? (123쪽)

☐ 다양한 영어공부법과 다양한 영어 오락거리를 가지고 있습니까? (123쪽)

☐ '정청정독'으로 배운 영문을 '다청다독'하고 있습니까? (127쪽)

☐ '음을 듣는 것'인지 '의미도 이해한 것'인지 확인했습니까? (128쪽)

☐ 듣는 것과 동시에 이해하지 못하는 단계에서 섀도잉을 연습하고 있지는 않습니까? (131쪽)

☐ 이미 배운 영문을 읽음과 동시에 이해할 때까지 음독하고 있습니까? (134쪽)

☐ 네이티브 음성에 맞춰 따라 읽는 오버래핑을 하고 있습니까? (134쪽)

□ 오버래핑하는 영문의 의미를 제대로 이해하고 있습니까? (134쪽)

□ 단어와 단어의 올바른 조합, 칼러케이션을 의식하고 있습니까? (137쪽)

□ 외우기 어려운 영단어를 '뇌내 이미징'으로 반복하고 있습니까? (138쪽)

□ 문법 문제에서 정답과 오답의 근거를 '셀프 해설'할 수 있습니까? (167쪽)

□ 이미 이해한 영문은 듣는 시간과 읽는 시간을 조금씩 늘리고 있습니까? (173쪽)

□ 토익을 볼 때 그 '세계관'을 사전에 공부했습니까? (176쪽)

□ SNS 등으로 자신과 비슷한 상황과 비슷한 수준의 동료를 찾고 있습니까? (180쪽)

□ 영어실력이 좋아졌다면 '영어로 무엇을 할 것인지' 생각해보았습니까? (195쪽)

□ 인터넷과 영어를 활용하여 하고 싶은 일은 있습니까? (197쪽)

□ 영어가 얼마나 단순한지 이해하기 위해 다른 외국어도 훑어본 적이 있습니까? (212쪽)

□ 모르는 표현이 있는 영문을 두고 '스무드 암송'에

도전했습니까? (215쪽)

☐ 암송이 어려울 때 '커닝 번역'을 하고 있습니까?
(217쪽)

☐ 소리를 낼 수 없는 장소에서 '뇌내 스무드 암송'
을 하고 있습니까? (220쪽)

상급자가 되어도 주의해야 할 사항

☐ 영어 잘하는 사람에게 틀렸다는 말을 듣고 진지
하게 받아들이지 않았습니까? (48쪽)

☐ 영어의 음절, 악센트, 음의 변화를 의식하고 있습
니까? (112쪽)

☐ 단어 단위 후에 청크 단위, 문장 단위의 암기에
도전하고 있습니까? (116쪽)

☐ 영단어 책이나 메모를 들고 다니면서 틈이 날 때
마다 들여다보고 있습니까? (120쪽)

☐ 말하기 연습을 하지 않고 '영어로 말하기가 안 된
다'고 고민하지는 않았습니까? (135쪽)

☐ 영단어를 아웃풋하여 '능동어휘'로 만들고자 의
식하고 있습니까? (136쪽)

- [ ] 어려운 영단어를 외울 때 '걸으면서 뇌내 이미징' 을 사용하고 있습니까? (139쪽)
- [ ] 잠이 안 오는 밤, '뇌내 이미징'을 수면제 대신 사용하고 있습니까? (140쪽)
- [ ] 공부를 하는데 모르는 표현이 나오지 않는 날은 없습니까? (141쪽)
- [ ] 모르는 단어가 없었던 날은 모르는 단어가 나올 때까지 찾았습니까? (141쪽)
- [ ] 어려운 영문을 매일 한두 문장 옮겨 쓰거나 음독히거나 암송했습니까? (142쪽)
- [ ] 때때로 영문을 한 단락 혹은 여러 단락 옮겨 쓰는 '필사'를 하고 있습니까? (144쪽)
- [ ] '필사'로 발견한 약점을 확실히 찾아보고 보강하고 있습니까? (144쪽)
- [ ] 옮겨 쓴 영문을 '경전 읽기'가 아닌 '배우 음독'을 할 수 있습니까? (145쪽)
- [ ] '영어 플러스 알파'에서 알파가 되는 것이 무엇인지 생각해보았습니까? (202쪽)
- [ ] 다른 외국어를 영어와 병행하여 학습할 때, 찬찬히 공부하고 있습니까? (206쪽)
- [ ] 이동할 때 '걸으면서 뇌내 스무드 암송'을 하고

있습니까? (220쪽)

☐ 시간 여유가 있을 때 '스무드 라이팅'을 하고 있
습니까? (221쪽)

☐ '스무드 암송 습관'과 '데일리 스무드 암송'을 실
천하고 있습니까? (222쪽)

☐ '당일 복습'을 하려고 하고, 더불어 '분석'하는 것
도 의식하고 있습니까? (225쪽)

☐ 지식이 '기억은행'에서 사라지지 않도록 유지 보
수를 하고 있습니까? (227쪽)

☐ 거리에서 들리는 소리를 모두 영어로 옮기는 트
레이닝을 하고 있습니까? (236쪽)

☐ 텔레비전에서 들리는 소리를 '비스름 동시통역'을
하고 있습니까? (237쪽)

☐ 머릿속에 떠오르는 생각을 모조리 영어로 옮기는
트레이닝을 하고 있습니까? (238쪽)

☐ 초급자였던 시절을 잊고 성장 중인 사람의 영어
를 지적하고 있지는 않습니까? (241쪽)

이 책에서는 50세가 넘었고 현재 영어실력이 '바닥'인 사람이 영어실력을 조금씩 높일 수 있는 방법부터 시작하여, 영어를 잘하게 된 상급자에게 필요한 공부법까지 소개했습니다. 간결하게 정리하자면, 제가 하고 싶은 말은 단 하나, "할 수 있다고 믿는다면 당신도 반드시 할 수 있다. 다음에 꿈을 이루는 것은 당신이다"라는 말로 귀결됩니다.

2005년, 영어공부를 다시 시작하기 이전의 저는, 분명히 지금 이 문장을 읽고 있는 당신보다 훨씬 영어를 못했습니다. 저는 이 사실을 누구보다 잘 알고 있지만, 과거에 영어책을 출간하고 그 책에 대한 소감을 들었던 경험에 따르면, 안타깝게도 분명 그렇게 생각하지 않는 독자도 있다는 것 또한 알고 있습니다.

"저자는 본인이 원래 영어 열등생이었다고 하지만 간사이에서 유명한 고등학교를 졸업하고 교토 대학에 갔다는 걸 보면 '원래 잘하는 사람'이었을 거야. 우리와는 달라." 이런 말을 들은 적도 있습니다.

몇 번이고 강조하고 싶습니다만, 영어를 '원래 잘하는 사람'은 존재하지 않습니다. 네이티브조차 아기일 때나 어린 시절에는 초급자였습니다. 이 책에서 말했듯이 저는 3년 동안 매일 공부하고 토익을 처음 봤을 때 595점을 받았습니다. 990점을 받기까지 매일 9년 동안 공부했습니다. 그런데도 '원래 잘하는 사람'이라고 할 수 있을까요?

저뿐만 아니라 '사회인 영어클럽' 멤버들도 비슷한 오해를 받았습니다.

0점대의 멤버를 포함하여 실제로 전원이 400~500점을 올려 마지막에는 초기 멤버의 평균 성적이 900점을 넘었습니다만, '영어클럽이 규모를 확대하면서 도중에 900점대 상급자가 가입해서 평균 성적을 올린 것'이라는 오해를 받기도 했습니다. 거듭 말하지만, 초기 멤버의 평균 성적이 900점을 넘은 것입니다.

만약 상급자가 가입한 것이 평균점 상승의 이유라면, 몇 년 동안 필사적으로 공부하여 400~500점 점수를 올린 초기 멤버들의 피나는 노력은 어디에도 존재하지 않는다는 말이 됩니다. 하지만 저는 그렇게 생각하지 않습니다. '사회인 영어클럽'이 중간에 상급자를 받은 것은 사실이지만, 처음은 초급자였던 초기 멤버가 노력하여 중급자에서 상급자로 성장했기 때문에 상급자도 가입할 수 있는 모임이 된 것입니다.

영어공부에 성공한 이들을 보고 "저 사람은 특별해. 나는 평범해서 안 될 거야"라고 비관하는 사람이 많습니다. 하지만 특별한 사람은 어디에도 없습니다. 반대로 말하면 모든 사람이 평등하게 특별한, 누구도 대신할 수 없는 존재라고 생각합니다.

실제로 제가 운영했던 '사회인 영어클럽'뿐만 아니라, 독자들이 각지에서 저마다 만든 '사회인 영어클럽'에서도 같은 성과가 나왔습니다. 그들이 특별하게 우수한 점이라면 용기를 내서 첫걸음을 내디뎠다는 것입니다.

남쪽 낙원에 여행을 가고 싶다……고 그저 '꿈을 꿀 뿐'이라면 실제로는 아무것도 변하지 않습니다. 하지만 구체적인 계획을 세우고 준비하는 등 행동으로 옮긴다면, 당신은 조금씩 꿈꾸는 현실에 가까워질 것입니다. 그리고 얼마나 시간이 걸리든 목적지를 늘 염두에 두고 걸어 나간다면 언젠가 반드시 그곳에 닿을 것입니다.

많은 '평범한 이들'의 성공이 그것을 증명합니다.

그리고 다음으로 성공할 사람은 오늘부터 걸음을 내딛기 시작한 당신입니다.

저는 언제나 "열심히 하는 사람들이 주변의 방해를 받지 않고 성과를 계속 내길 바란다"고 마음 깊은 곳에서 염원하고 있습니다. 하지만 이 책에서도 말했듯이 누군가 의욕적으로 무언가를 시작하면 주변에서 방해를 하는 것이 인간 사회의 슬픈 법칙입니다. 그것이 인간의 본성이며 업이므로, 완전히 없애기란 불가능하다는 사실도 알고 있습니다.

제가 당신에게 말하고 싶은 이야기는 "꿈을 좇는 타인을 방해하는 '드림킬러'가 되지 말라"는 것입니다. 그리고 당신 주위의 '드림킬러'를 멀리한다면 영어공부에서도 인생에서도 당신의 성공은 약속되어 있다는 점입니다.

'인생 100세 시대'라고 하지만, 몇 년을 살든지 끝날 때는 순식간이라고 느낄 것입니다. 타인의 인생을 부정하는 것은 시간 낭비입니다.

이 책의 독자인 여러분은 타인이 무엇을 하든 부정적으로 보지 말고 자신의 꿈만 순수하게 좇아가시길 그저 바랄 뿐입니다.

당신의 영어공부가 성공하길 바랍니다.

2019년 세료인 류스이 드림

50대, 당신도 영어를 끝낼 수 있다

초판 1쇄 발행	2019년 12월 2일
지은이	세료인 류스이
옮긴이	서슬기
펴낸곳	(주)행성비
펴낸이	임태주
책임편집	김하얀
디자인	디자인 스튜디오 [서 - 랍]
출판등록번호	제313-2010-208호
주소	서울시 마포구 토정로 222 한국출판콘텐츠센터 318호
대표전화	02-326-5913
팩스	02-326-5917
이메일	hangseongb@naver.com
홈페이지	www.planetb.co.kr

ISBN 979-11-6471-088-1 03740

행성B는 독자 여러분의 참신한 기획 아이디어와 독창적인 원고를 기다리고 있습니다.
hangseongb@naver.com으로 보내 주시면 소중하게 검토하겠습니다.